《老子》译解

姚淦铭 译解

中华书局

**图书在版编目(CIP)数据**

《老子》译解/姚淦铭译解. —北京:中华书局,2021.11
(2024.3 重印)
　ISBN 978-7-101-15414-6

　Ⅰ.老…　Ⅱ.姚…　Ⅲ.①道家②《道德经》-译文③《道德经》-注释　Ⅳ.B223.1

中国版本图书馆 CIP 数据核字(2021)第 216293 号

| | |
|---|---|
| 书　　　名 | 《老子》译解 |
| 译 解 者 | 姚淦铭 |
| 责任编辑 | 林玉萍 |
| 责任印制 | 陈丽娜 |
| 出版发行 | 中华书局 |
| | (北京市丰台区太平桥西里38号　100073) |
| | http://www.zhbc.com.cn |
| | E-mail:zhbc@zhbc.com.cn |
| 印　　　刷 | 北京盛通印刷股份有限公司 |
| 版　　　次 | 2021 年 11 月第 1 版 |
| | 2024 年 3 月第 2 次印刷 |
| 规　　　格 | 开本/880×1230 毫米　1/32 |
| | 印张 10　插页 2　字数 200 千字 |
| 印　　　数 | 3001-4000 册 |
| 国际书号 | ISBN 978-7-101-15414-6 |
| 定　　　价 | 49.00 元 |

# 目 录

导　读……………………………………………… 1

　　老子其人……………………………………… 1

　　《老子》其书 ………………………………… 4

　　怎样阅读《老子》 …………………………… 9


一　章…………………………………………… 1

二　章…………………………………………… 5

三　章…………………………………………… 8

四　章…………………………………………… 11

五　章…………………………………………… 14

六　章…………………………………………… 17

七　章…………………………………………… 20

八　章…………………………………………… 23

九　章…………………………………………… 26

十　章…………………………………………… 29

十一章…………………………………………… 32

十二章 …………………………………………………… 35

十三章 …………………………………………………… 38

十四章 …………………………………………………… 41

十五章 …………………………………………………… 44

十六章 …………………………………………………… 47

十七章 …………………………………………………… 50

十八章 …………………………………………………… 53

十九章 …………………………………………………… 56

二十章 …………………………………………………… 59

二十一章 ………………………………………………… 63

二十二章 ………………………………………………… 66

二十三章 ………………………………………………… 69

二十四章 ………………………………………………… 72

二十五章 ………………………………………………… 75

二十六章 ………………………………………………… 78

二十七章 ………………………………………………… 81

二十八章 ………………………………………………… 84

二十九章 ………………………………………………… 87

三十章 …………………………………………………… 90

三十一章 ………………………………………………… 93

三十二章 ………………………………………………… 96

三十三章 ………………………………………………… 99

三十四章 ………………………………………………… 101

三十五章 ………………………………………………… 104

三十六章 ………………………………………………… 107

三十七章 ………………………………………………… 110

三十八章 …………………………………………… 113

三十九章 …………………………………………… 116

四十章 ……………………………………………… 119

四十一章 …………………………………………… 122

四十二章 …………………………………………… 125

四十三章 …………………………………………… 128

四十四章 …………………………………………… 131

四十五章 …………………………………………… 134

四十六章 …………………………………………… 137

四十七章 …………………………………………… 139

四十八章 …………………………………………… 142

四十九章 …………………………………………… 145

五十章 ……………………………………………… 148

五十一章 …………………………………………… 151

五十二章 …………………………………………… 154

五十三章 …………………………………………… 157

五十四章 …………………………………………… 160

五十五章 …………………………………………… 163

五十六章 …………………………………………… 166

五十七章 …………………………………………… 169

五十八章 …………………………………………… 172

五十九章 …………………………………………… 175

六十章 ……………………………………………… 178

六十一章 …………………………………………… 181

六十二章 …………………………………………… 184

六十三章 …………………………………………… 187

六十四章 ……………………………………… 190

六十五章 ……………………………………… 193

六十六章 ……………………………………… 196

六十七章 ……………………………………… 199

六十八章 ……………………………………… 202

六十九章 ……………………………………… 205

七十章 ………………………………………… 208

七十一章 ……………………………………… 211

七十二章 ……………………………………… 214

七十三章 ……………………………………… 217

七十四章 ……………………………………… 220

七十五章 ……………………………………… 223

七十六章 ……………………………………… 226

七十七章 ……………………………………… 229

七十八章 ……………………………………… 232

七十九章 ……………………………………… 235

八十章 ………………………………………… 238

八十一章 ……………………………………… 241


附录：《老子》的思想内容及研究状况 ………… 245

　　《老子》的思想内容 ……………………… 245

　　《老子》的当代价值 ……………………… 281

　　《老子》的版本流变 ……………………… 287

　　历代注疏、研究的评述 ………………… 297

　　当前研究状况 …………………………… 300

# 导　读

## 老子其人

老子是春秋战国时期最具创造性的哲学家、思想家之一，是道家学派的创始人，被推尊为道教的始祖。然而，老子又或属中国自古至今引发争议最多的一位大哲人。老子生平的记载，最经典的当属司马迁《史记·老子韩非列传》之《老子传》。此传记篇幅颇短，仅四百五十余字，但从各个维度载录了诸多历史信息。

老子姓李，名耳，字聃；或说字伯阳，谥曰聃。秦汉以前的文献里多称其为老聃。其字"聃"，是与名"耳"相关联的。《说文·耳部》："聃，耳曼也。"段玉裁注："耳曼者，耳如引之而大也。"老子的耳朵当很有特征，又长又大。此或既暗示其长寿之相，又暗喻其闻声知微，声入心通，耳顺敏觉之谓圣者。《说文·耳部》："聖（圣），通也。从耳，呈声。"后人见到的老子画像或塑像均突出了他的耳朵特征。

老子，"楚苦县厉乡曲仁里人也"。"苦县"或说为"相县"，即今天的河南省鹿邑县；"厉乡曲仁里"被认为即今鹿邑县东的太清宫镇。厉乡，文献上或作濑乡、赖乡。今天那里还留存着有关老子的文物、遗迹与传说。《史记集解》引《地理志》："苦县属陈国。"陈国，周初武王封舜后胡公于陈，侯爵，妫姓。公元前479年，一件大事是孔子逝世，另一大事便是楚国灭陈国，而以为县。所以此地所属，先陈国而后楚国。鹿邑邻近安徽亳州涡阳，或说老子出生于此。

老子任周朝守藏室之史，是东周王朝管理藏书、文献档案的史官。王国维《释史》："史为掌书之官，自古为要职。殷商以前，其官之尊卑虽不可知，然大小官名及职事之名多由史出，则史之位尊地要可知矣。"又说："周六官之属，掌文书者亦皆谓之史，则史之职专以藏书、读书、作书为事。"太史除了管理藏书，又管理天文历法。老子见多闻广，博学多才，史识深睿，学问精湛，当与其任此官职密切相关。

据《老子传》载，孔子到周都曾向老子问礼，老子对孔子做了一番教导。今洛阳还留存着后人所立的孔子问礼碑。《老子传》记载老子曰："子所言者，其人与骨皆已朽矣，独其言在耳。且君子得其时则驾（指乘车做官），不得其时则蓬累而行（指随遇而安）。吾闻之：良贾（商人）深藏若虚。君子盛德，容貌若愚。去子之骄气与多欲，态色与淫志，是皆无益于子之身。吾所以告子，若是而已。"孔子离开后，谓弟子曰："鸟，吾知其能飞；鱼，吾知其能游；兽，吾知其能走。走者可以为罔（古网字），游者可以为纶（粗丝线，指钓丝），飞者可以为矰（系上丝绳来射飞鸟的短箭）。至于龙，吾不能知，其乘风云而上天。吾今日见老子，其犹龙邪！"老子与《老子》就犹如芸芸众生之人世、莽莽典籍之丛林上空的龙！

老子"修道德，其学以自隐无名为务。居周久之，见周之衰，乃遂去"。老子出关，司马迁未明言哪个关，学者一般认为是函谷关。关令尹喜曰："子将隐矣，强为我著书。"于是老子"著书上下篇，言道德之意五千余言"。此后老子出关退隐，"莫知其所终"。据传老子长寿，"盖老子百有六十余岁，或言二百余岁，以其修道而养寿也"。

《老子传》又曰："或曰老莱子亦楚人也，著书十五篇，言道家之用，与孔子同时云。"又曰："自孔子死之后百二十九年，而史记周太史儋见秦献公曰：'始秦与周合，合五百岁而离，离七十岁而霸王者出焉。'或曰儋即老子，或曰非也，世莫知其然否。老子，隐君子也。"记载中或说老子为老莱子，或为太史儋。老子是位"隐君子"。司马迁又记录了老子的世系："老子之子名宗，宗为魏将，封于段干。宗子注，注子宫，宫玄孙假，假仕于汉孝文帝。而假之子解为胶西王卬太傅，因家于齐焉。"最后曰："世之学老子者则绌（通"黜"，指退而后之）儒学，儒学亦绌老子。'道不同不相为谋'，岂谓是邪？李耳无为自化，清静自正。"

司马迁的《老子传》是最早记述老子其人其书的传记，垂之千古而不朽。然而，它又是老子与《老子》有关争论的源头。主要是因为传记的文字过于简略，语焉不详，读后自然会生发出许多的问题；尤其是文中又模糊地介绍了老莱子与太史儋，于是出现了所谓三个"老子"，招来更多的争辩；有时同样一句话，因不同人的不同角度解读，也出现分歧。司马迁当有自己主见，但也杂采众说，以信传信，以疑传疑，是为了保留并提供给世人以流传的可参考的信息。学者罗焌说："案近世考老子行实者，言人人殊，引据小书，未足凭信，转不若史公《列传》之一言。盖两言'莫知'、四言'或曰'，既合多闻阙疑之义，尤足传老子'犹龙'之神也。"（《诸子学述》）

老子到底是怎样的一个人？其生平如何？此后不断引发出论辩，至今还波澜不平。当然一般认为老子当是老聃，而老莱子大约也是春秋末期的人物，太史儋当是战国时期人物。

## 《老子》其书

其书因老子所撰，故被称为《老子》，又为论道阐德之经典，并产生了宗教上的影响，故又名《道德经》《老子道德经》与《道德真经》等。《老子》又名为《五千言》《五千文》，因其字数为五千多字。

《老子》篇幅虽短小，但内容极其丰富，于政治、经济、历史、哲学、军事等诸多方面作出了精深阐述，思想尤其深邃，为中华哲学原典之一。在哲学方面，老子建构了以道为核心和基础的哲学体系，认为"道者，万物之奥"（六十二章），是宇宙万物的主宰与本原。"道生一，一生二，二生三，三生万物"（四十二章），是道生成了宇宙万物。"道法自然"（二十五章），道效法的是自然而然；换言之，道的法则也就是自然而然的。在认识论上，老子主张"为学日益，为道日损"（四十八章）、"知不知，上；不知知，病"（七十一章）、"不出户，知天下；不窥牖，见天道。其出弥远，其知弥少"（四十七章）等。在政治上，老子主张"爱民治国"（十章），"为无为，则无不治"（三章），"治大国若烹小鲜"（六十章），倡导"绝圣弃智，民利百倍"（十九章），"常使民无知无欲"（三章），向往"小国寡民"的理想社会。在经济上，老子反对剥削，如指出"民之饥，以其上食税之多"（七十五章）。在军事上，老子以斥争非战为要旨，即使参战也是为客不为主，退尺而不进寸，然而战则必胜。在人生哲学上，老子主张少私寡欲、知足不争、守柔谦退等为处世之道……，内涵富足。《老子》是一座辉煌的智库，流传了两千多年而不衰，且早已传播海外，影响了世界。

　　传世本《老子》共五千多字，有八十一章，分成上下两篇。上篇由第一章至三十七章，下篇由第三十八章至八十一章。这是河上公本、王弼本的分章情况，后也成为通行的篇章。河上公本还将上篇与下篇分别命名为《道经》与《德经》。司马迁在《老子传》里只说了老子"著书上下篇"，未提及分章。

汉代刘歆《七略》录有其父刘向整理《老子》的情况："雠校中《老子》书二篇"，"定著二篇八十一章。上经第一，三十七章；下经第二，四十四章。此则校理之初篇章之本者也。但不知删除是何文句，所分章何处为限？中书与向书俱云二篇，则未校之前已有定本。参传称《老子》有八十一章。共云象太阳极之数。《道经》在上，以法天，天数奇，故有三十七章。《德经》在下，以法地，地数偶，故有四十四章。"这些留下来的历史信息很有参考价值。

后人还能见到的，如西汉严遵《老子指归》里分为七十二章。其分章的理念为："昔者《老子》之作也，变化所由，道德为母；效经列首，天地为象。上经配天，下经配地；阴道八，阳道九。以阴行阳，故七十有二首；以阳行阴，故分为上下。以五行八，故上经四十而更始；以四行八，故下经三十有二而终矣。阳道奇，阴道偶，故上经先而下经后。阳道大，阴道小，故上经众而下经寡。阳道左，阴道右，故上经覆来，下经反往。反覆相过，沦为一形；冥冥混沌，道为中主。重符列验，以见端绪。下经为门，上经为户，智者其经效，则通乎天地之数、阴阳之纪、夫妇之配、父子之亲、君臣之仪，万物敷矣。"

再如唐李约《道德真经新注》分为七十八章，上篇三十七章，下篇四十一章。元代吴澄则分为六十八章，上篇三十二章，下篇三十六章，魏源承袭之。姚鼐分为八十四章，上篇三十二章，下篇五十二章。如此可见《老子》之分章因所识不同，而分章有异。

然而，《老子》帛书、竹简本均不分章，这或可说明《老子》原来的古本当是不分章的，后来大约为了阅读、理解与注释的便利，于是受众便也欣然接受了分章的做法。其中《老子》八十一章，尤为人们熟知。这或许因为此数字更显玄妙，颇合老子玄之又玄的旨趣。

关于《老子》分章问题，明代薛蕙曾曰："《老子》书，旧分八十一章，或谓出河上公，或以为刘向所定著。然皆无所考，大抵其由来远矣，故诸家注本多从之。王辅嗣、司马公本虽不分章，乃其旨意实与分章者相合。独严君平分为七十二章，吴幼清分为六十八章。予观八十一章，其文辞之首尾段次之离合，皆有意义。严、吴所分，盖不逮也。要之八十一章者近之矣。"明代朱得之曰："分章莫究其始，至唐玄宗改定章句，是旧有分章而不定者。是以有五十五（韩非）、六十四（孔颖达）、六十八（吴草庐）、七十二（庄君平）、八十一（刘向诸人，或谓河上公）之异，又有不分章（如王辅嗣、司马君实）。"据此两则，学者亦有论：依薛蕙所说，至少明代的王弼本尚未分章。依朱得之所说，也证明王弼本到明代中叶尚无八十一章本。从现有文献来看，八十一章本起于河上公本，唐代或更早的时候先有事实上的八十一章本，再有以第一句为题目的八十一章本（唐玄宗御注本），到了宋代才有现在看到的二字标题的八十一章本。王弼本分为八十一章当在明代后期或清代。这一漫长的演变过程也是后人试图改善古本的足迹（刘笑敢《老子古今：五种对勘与析评引论》）。

《老子》八十一章，不同版本于每章或有章名，或无章名。有章名者，如河上公本依次标明为"体道第一""养身第二""安民第三"等，这是根据每章旨意而自命章名。宋代彭耜《道德真经集注》则为"道可道章第一""天下皆知章第二""不尚贤章第三"等，这是摘取每章首句的文字为章名。再如王弼本则仅标明"一章""二章""三章"等。有的版本则章名与章序均不出现，如宋邵若愚《道德真经直解》等。唐代傅奕本则不仅标明章序，还标明字数，如"右第一章五十九言""右第二章九十三言""右第三章六十八言"等，"言"即指字。据此统计，第四十章最短，仅二十一言，最长者为第三十九章一百三十九言，其余章的字数虽参差不齐，而均在此区间内，可见《老子》每章均极其精简，然而内涵却极为富足。

再说《老子》的文体。散文与韵文巧妙的组合是其特点，其韵文的押韵，也引起后人的关注。《老子》行文警句迭出，名言联翩，修辞富赡。有研究者说："《老子》（后来称为《道德经》）书共五千多字，是用韵文写成的一部哲理诗。它没有引用西周以来官方的典籍训诰，其中吸收了不少民间谣谚。"（任继愈主编《中国哲学史》第一册，人民出版社，1979年）朱谦之《老子校释·老子韵例》：“余以为《道德》五千言，古之哲学诗也。”后人对其中的韵例与古韵也有过深入的研究。

## 怎样阅读《老子》

《老子》在中国乃至世界的历史地位是崇高的，影响是极其深远的。老子的思想与智慧，永远让后来者仰望与赞叹不已！《老子》虽短短五千余言，却是一部名副其实的、属于世界智慧宝库中的镇库宝典。哲学家陈荣捷曾如是说：“假如没有《老子》这本书的话，中国文化与中国人的性格将会截然不同。事实上，连作为中国历史与思想主流的儒家，也会不同。因为它并没有逃过道家的影响，佛家的情况也是一样。假如不能真正领会这本小书里的玄妙哲思，我们就不能期望他可以理解中国的哲学、宗教、政治、艺术与医药，甚至包括烹饪在内。”“中国的其他经典中，再也没有这么小的篇幅而居然发生了这么大的影响力。这本书的注释超过其他的任何经典，现存的大约有三百五十种左右，而另外还有三百五十种不是散佚了就是只剩下了断简残编。这本书的英译本也超过了其他的经典，目前已逾四十种”（陈荣捷编著《中国哲学文献选编》）。此后的岁月里又出土了比传世本更为久远的帛书本、竹简本《老子》，这又拓展出帛书本与竹简本《老子》之学，成为老学的新向度，于是又有了新的注释、解读《老子》的著作。

每一个人读《老子》都会有不同的感觉、触动和体悟。从最基本的作用来说，《老子》就是一本教诲人们如何生存、如何生存得成功、如何生存得有境界的智慧经典。确实，学道可以自强，悟道可以自明，涵道可以自适，抱道可以自存，得道可以自胜，老子就在那里诉说着"道""德""道德经"。

《老子》文句极简，内涵却极富极深。因其精简的文句、精炼的表述、深奥的哲理，以及古今不同的时代与文化的背景，还有众多的版本，各异的断句，要真正读懂，确也不易。不过读原文还是不可少的，只有阅读原文才能更直接地感受、体味其中的含义，也才能会心于言外之意。当然阅读进程又可多样化，譬如先选择易懂的、感兴趣的片段、名言、警句，或从某章下手，然后扩大连缀，渐及全篇；至于读懂《老子》的全文，可先从今人的注译着手，这样比较容易理解；再进一层则可读河上公注与王弼注等古注；然后可再读关于《老子》的研究著作。

随着阅读的深入，会发现前人、今人的注释有不同的角度与不一样的理解，这时就需要自我鉴别。其次根据自己的需要，又可从各个专门方向、相关问题去精细阅读。比如分成不同角度、不同主题去有重点、有选择地阅读。再次便是由阅读而思考，再臻于体悟与运用的层次。清代魏源说："盖老子之书，上之可以明道，中之可以治身，推之可以治人，其言常通于是三者。"（《老子本义》）《老子》的智慧包含了三个方面：一是通向哲学智慧之域，即"明道"；二是通向修身养性之路，即"治身"；三是通向事业成功之途，即"治人"，当然也包含"治业"。三者彼此旁通，由此种种融汇贯通，则人生与事业当然会大不一样。

当然在整个进程之中，"悟"是应该一以贯之的。其实老子于"道"的豁然开朗，不也正是经历了长期的艰苦思辨，才最终彻"悟"的？海德格尔曾认为，摆脱了理性和知识后，人要靠"内心体验"来获得真理。这或可从某个角度启发人们内心之"悟"的重要与必要。张岱年在《老子哲学辨微》里说，自己在30年代的《中国哲学大纲》里认为老子之道是最高的理即"究竟所以"；50年代时认为老子之道是"原始的混然不分的物质存在的总体即混然一气"；70年代再考察此问题，觉得把老子之道解释为原始的物质存在的总体，证据不足，老子之道还是指最高原理而言，具体结论是："老子的道，不是物质性的实体，也不是超时空的绝对精神，而是非物质的绝对。在这个意义上，老子哲学可谓一种唯心论（观念论），是客观唯心主义的一种特殊形态。"老子哲学有唯心论的一面，又包含唯物论的因素。老子提出"道"的学说，为以后的唯心论树立了一个典范；老子推倒了关于主宰之天的信仰，对于以后的唯物论也有重要影响，起了促进的作用。若再从方法论上来说，那么这位哲学家曾经就在数十年里不断地、反复地"悟"那老子之"道"。确实，不以己心悟"道"，焉能有心得？不以己心反复悟"道"，怎能真正心得其"道"？其实无论哪一种学问，"悟"均不可或缺，若能我心我悟，我心悟道，必终至于我悟我道矣。

诚然，如果学习《老子》而能开慧明道，则自有哲思而不昏昧于道，自具睿智而不暗障于理，从而能洞明事物之真相，超越于浑噩之上，飞翔于明净之境。如果能以此"修身"，则"微妙玄通，深不可识"（十五章），"以本为精，以物为粗，以有积为不足，澹然独与神明居"（《庄子·天下》）；能以此"治人""治业"，则可以"不争而善胜"（七十三章）、"无为而无不为"（四十八章）、"治大国若烹小鲜"（六十章）。这就是生命、事业的至境了。

# 一章

道可道，非常道①；名可名，非常名②。无，名天地之始；有，名万物之母③。故常无欲以观其妙；常有欲以观其徼④。此两者，同出而异名，同谓之玄⑤。玄之又玄⑥，众妙之门。

**【注释】**

①前一个"道"是指个别的规律、法则、原理、道理等，比如科学家已揭示出来的自然科学、社会科学、生命科学等学科里的那些规律、法则、原理等。中间的那个"道"指讲说、解说。后面的"道"则指宇宙万物的本源本体、永恒规律，是属老子哲学的最高范畴。如陈鼓应说：第一个"道"，即道理；第二个"道"，即言说；第三个"道"，即宇宙的实体与动力。常：真常、恒常。　②第一个"名"是名称，第二个"名"是命名，第三个"常名"是永恒的名称。　③此句不同版本或有不同断句。　④此句不同版本断句也有不同。徼（jiào）：边际、界限，端倪。　⑤玄：玄妙，深奥。

⑥之：高亨说犹"而"也。

**【译文】**

道，可以讲说的，不是永恒的常道；名，可以命名的，不是永恒的常名。无，命名为天地的源始；有，命名为万物的母体。因此要常从"无"中去观察道的精微玄妙；要常从"有"中去观察道的归终边际。"无"与"有"这两者，同出于道之本源，而名称不同，同称谓玄妙。玄妙而又至于玄妙，便是道的一切玄妙的总门。

**【解析】**

本章河上公本称为"体道第一"，成玄英称为"道可道章"。帛书甲乙本均有缺字。竹简本无此章。

《老子》开篇何等精彩，一似神龙之出没，若腾若闪、似隐似现！老子以神奇的构思与"超逻辑"的哲学语言，让自己的思想与智慧插上翅膀，作出了超越疆域与历史时空的遨游！

首句论"道"说"名"："常道"不是可道之道，"常名"不是可名之名。道，如若用世人的名与言去解释，那是永远说不准的。"道"字全书出现七十多次，或指宇宙万物的本原、本体及其规律，或指对此本原、本体的正确认识，或指一定的政治主张或思想体系，或指方法，或就指称说与讲述等。老子将道路、途径之"道"作出首创性的升华，用以指称、命名宇宙世界的本原本体、天地万物规律的哲学范畴，"道"成为哲学母题，足显其首创的睿智！

老子巧妙地用女婴之"始"、少女之"妙"、生育之"母"的意象，即"始"—"妙"—"母"来譬喻道之能产及其生育之过程。此混成者是"先天地而生"，且又能生出天地来的"万物之母"。老子又教诲经常从"有"里去观察其中的趋归边际，而世人却屡屡疏忽于"有"中之微，无知于"有"中观微，而不能做到"常有观微"之"常"态化。知晓天地万物归总的根源，则能得道。"常有"与"常无"这两者同出于道，虽各异其名，却又同称为"玄"，因为"常有"是"玄"的，"常无"也是"玄"的。由"常有"之"玄"再至于"常无"之"玄"，"玄之又玄"就是一切微妙之理的总门。

"玄"成了一个哲学范畴，此后又产生了"玄学"。魏晋时代学者将《老子》《庄子》《易经》称之为"三玄"，对先秦时代的道家作出了新的发展。

万物所由生，万事所由出，皆从道之门径而出；然而万物、万事又必归于道之门径而入，永远附丽于门道、门径。再至于世人也必出入道之门径，才能不迷不惑，不危不殆；否则不入其门，而成为道的门外汉；既入其门，且能登堂入室，又能出乎其门，则为真正的得道高人。

**译注说明：**

其一，《老子》版本甚夥，本书主要依据王弼《老子道德经注》，也参考其他本子。王本其注精警，释旨玄远，历代备受推崇，而影响深广。由此上溯则可与竹简本、帛书本作出比勘，自此下衍亦可比较历代的校注本。

其二，词语注释，有不同释义时，则略为选择数种。译文基本上采取直译，解析仅作简评，或可参见拙著《老子百姓读本》《老子智慧》《读老子》等。

其三，引文出处随文而注，前文若已注，后文一般不再出注。

其四，汉至清的《老子》研究著作大抵引自中华书局编辑的四部要籍注疏丛书《老子》。

# 二章

天下皆知美之为美①，斯恶已②；皆知善之为善，斯不善已。故有无相生，难易相成，长短相较，高下相倾③，音声相和④，前后相随。是以圣人处无为之事⑤，行不言之教，万物作焉而不辞，生而不有，为而不恃，功成而弗居。夫唯弗居，是以不去。

**【注释】**

①天下：普天下，泛指全国，或国家政权。全书出现六十一次之多。　②恶（è）：丑。已：通"矣"，下同。　③倾：倾斜，此指依靠。又帛书作"盈"，竹简本作"涅"（yǐng）；或说此为"呈"字通假。　④音：此处指单声。声：此处指和声。　⑤圣人：聪明睿智为圣，修养达到至高境界者称为圣人。

**【译文】**

天下的人都知道美之所以为美的，就显露出丑来了；都知道善之所以为善的，就显露出不善来了。因此有与无互相生成，难与易互相辅成，长与短互相显现，高与下互相依靠，音与声互相谐和，前与后互相随从。因此圣人依照"无为"的原则办事，实行"不言"的教化，让万物兴起而不去干涉，让它们生长而不占为己有，万物有所为而不恃己能，功业成就而不居功。正由于不居功，因此功绩也就不会失去。

【解析】

本章河上公本称为"养身第二"，成玄英称"天下皆知章"。帛书甲乙本均有此章，略为残缺。竹简本有此章。

本章中老子剖视了人世间的众多名称、概念及其范畴、价值的对立与转化，揭示诸多辩证法则。

天下人皆知的常识与判断是美与恶（丑）、善与不善为对立分明、剖若两途。这是"非常道""非常名"下的理念，若返回于"常道""常名"来观照，那么既没有"美"与"恶"之对立，亦无"善"与"不善"之分。那就没有正义与非正义之分，没有是非曲直、黑白正邪之辨了吗？《老子》既有世间圣人、非圣人之分，又有盗夸、上士、中士、下士之别，还有正道、邪道、白道、黑道之异。老子告之道与德的门道，万物有对立亦有统一，是非同门，喜怒同根。高境界人对于万物能"知对"又"无对"，不斤斤于两者对立，超越世人的"有对"，所以能达观洒脱。

"有无相生""难易相成""长短相较""高下相倾""音声相和""前后相随","六相"之相生相成,既为"共相",又各有"殊相"。例如有与无,相反亦相生,两者互为依存。自无至有,自有至无,此为相生。这样的反复衍化深具辩证法,本章数则仅作提示,后文出现了再阐述。

分析了诸种辩证关系后,老子又将之运用到为人处世上,并推举圣人为榜样。本章首出"圣人"之词,全书频现三十多次。此"圣人"与儒家所说的圣人有别,因为生命的向度不同,所循之道各异。然而又有相通处,圣者均具有事无不通、大而能化、超越庸凡之人这一核心特质,由此道家、儒家所说的圣人又是沟通的。通观《老子》中的"圣人",是指遵道而行,与道同体,得辩证法之道,得为人处世之道,得治世治人之道,得养生长寿之道等等。一言以蔽之,得一切生存与成功之道者,就是老子所说的圣人,即道德之纯而再纯、精而更精、玄而又玄之最高境界的圣人!

# 三章

> 不尚贤①，使民不争。不贵难得之货，使民不为盗。不见可欲②，使民心不乱。是以圣人之治，虚其心，实其腹，弱其志，强其骨。常使民无知无欲，使夫智者不敢为也③。为无为，则无不治。

**【注释】**

①尚：尊重，崇尚。贤：贤能。　②见（xiàn）：现。
③智者：王弼注为"智者，谓知为也"。

**【译文】**

不崇尚贤能，使民众不争夺。不贵重难得的宝货，使民众不为盗贼。不显现可以引发贪欲的东西，使民众之心不被惑乱。因此圣人之治理，使他们虚心，使他们饱腹，使他们志弱，使他们体强。常使民众无知无欲，使有智者不敢妄为。去做"无为"的事情，那么没有什么不能被治理的了。

**【解析】**

本章河上公本称为"安民第三";成玄英此章无名称,按其体例当称为"不尚贤章"。帛书甲本多有残缺,乙本全。竹简本无此章。

本章针对历史与现实中常见的尚贤则民争、贵难得之货则民为盗、见可欲则民心乱的现象,提出逆向的治民智慧与方案。

老子被看作是出世者,但又是诚挚的入世者。虽然他远离王朝而去不知所终,但五千言中充满对人世间的关怀,写下的治国立政之道揭示出红尘中人的心灵趋归。魏源解读本章时留下名言:"《老子》,救世之书也。"

老子高明之处是从病的根源上开出药方。魏源自有会心之注:"君子好名,小人好利,贤与货皆可欲之具。是故人以相贤为尚,则民耻不若而至于争;货以难得为贵,则民病其无而至于盗;皆由见可欲耳。治世,人尚纯朴,无事乎以贤知胜人;物取养人,无贵乎难得而无用;则贤与不贤同用,难得与易得等视,民不至见之以乱其心,而争盗之源绝矣。"此为治本正本之道,源头若清,随波则不污,逐流则不浊,即便还有些许污浊,然本既已得,标之治理也必速。

本章树立圣人之治的典范。圣人之治民,则使其虚心弱志,实腹强骨,既使心志的欲望损减,又使其饱足强健。前者要用减法,后者则用加法。指出常态化的治民两途:一是常使民处于"无知无欲"的状态,这不是一般认为的"愚民",而是使其归淳返朴；二是常使所谓的"智者"不敢呈智炫智，蛊惑民心。老子不是愚民，而是引导民众守住纯真本真，葆住真诚真性。

"为无为，则无不治"，升华为老子治政的核心理念，成为传世的经典名言。"为无为"是去做"无为"的事情，是用"无为"的认知、"无为"的理念、"无为"的心态、"无为"的方式去治理，去办事，去成功，去功成身退；其硕果则是"无不治""无不为"。

# 四章

道冲而用之或不盈[①]，渊兮似万物之宗[②]。挫其锐，解其纷，和其光，同其尘，湛兮似或存[③]。吾不知谁之子，象帝之先[④]。

**【注释】**

①冲：空虚。《玉篇》："冲，虚也。"或说通"盅"，器虚。或：语气词，加强否定。　②兮：啊。全书出现二十六次，均为语助词。宗：宗主，大宗。　③湛：深。此指虚无、隐没。《说文》："湛，没也。"《小尔雅·广诂》："湛，无也。"或：或许。　④象：好像。帝：天帝。

**【译文】**

道虚空，但用之不会穷尽。渊深啊，就像万物的宗主。挫去锋锐，化解纷扰，和含光芒，混同尘俗；隐没啊，却又存在。我不知道它是谁家的后代，好像在有天帝之前它就已经存在了。

**【解析】**

本章河上公本称为"无源第四"，成玄英称"道冲章"。帛书甲本有残缺，乙本全。竹简本无此章。

本章老子继续论道，阐述道的种种特征，尤其回应了"常无欲以观其妙"的重要理念。

道为"冲"，即是虚空的，但是使用道则永远不会满盈。道体至虚，无量无边，而用之或不能满其量。道为"宗"，道渊深莫测，微妙莫晓，虚旷万藏，不可形容，而万物资始，层出不穷，生生不息，一似万物的祖宗、宗主。

道挫去锋锐而不露锋芒，化解纷扰而超脱纠纷，和含光芒而不显现炫耀，混同尘俗而不失纯真，道不可见却又好像是存在可见的。道的虚无与隐没，不可被感觉，然而有时又似乎能感觉到其存在。众人由知而欲，知愈多则欲愈锐，便有贪欲之"锐"，争利之"纷"。"挫其锐"，道消解其欲望；"解其纷"，道化解其纷争。道使得民众无欲望，无纷争，最后达到和光同尘。对于万物来说，道均起着"挫锐""解纷""和光""同尘"的作用，在调节着万物的平衡与和谐。成语"挫锐解纷""和光同尘"即出于此。

"湛兮似或存"，道是因其湛深而没而无，若可见可感，故似或存。苏辙曰："锐挫纷解，则不流于妄，不构于物，外患已去而光生焉，又从而和之。恐其与物异也，以尘之至杂而无所不同，

则于万物无所异矣。圣人之道如是而后全，则湛然常存矣。虽存而人莫之识，故似或存耳。"(《老子本义》)

"象帝之先"，此表面不确定的语气，却明确揭出：世界不由天帝创造，而是由道来创生的。人们把天帝看作是至高无上的宇宙的统治者、主宰者，老子在此破除了人们的"迷信"，第一次宣告，"道"才是真正的至高无上的宇宙的主宰，当排列在天帝之先；如果有天帝的话，天帝也是"道"创生的。老子振聋发聩的宣告是具有颠覆性的，更是首创性的，其功不可没。

# 五章

天地不仁，以万物为刍狗①。圣人不仁，以百姓为刍狗。天地之间，其犹橐籥乎②？虚而不屈③，动而愈出。多言数穷④，不如守中⑤。

**【注释】**

①刍（chú）狗：草扎成的狗，为祭祀所用。用得着时则很看重，用完了则废弃之。或释为草与狗，如王弼注。　②橐籥（tuóyuè）：古代风箱。　③屈（jué）：竭，尽。　④数（shuò）：快速，疾速。《尔雅·释诂》："数，疾也。"穷：尽，完结。　⑤守中：守持冲虚、虚静、无为之道。"中"，通"冲"，空虚。

**【译文】**

天地没有所谓的仁爱，把万物看作祭祀用的草扎的狗一样。圣人没有所谓的仁爱，把百姓也看作祭祀用的草扎的狗一样。天地之间，不是很像风箱吗？虚空却不会穷竭，愈动气愈出。说教法令愈多反而很快穷尽，倒不如守持无为虚静之道。

**【解析】**

本章河上公本称为"虚用第五"，成玄英称"天地不仁章"。帛书甲本缺数字，乙本仅缺一字。竹简本有此章。

老子用"刍狗""橐籥"的意象阐释天地之道、圣人之道。

天地施化，没有仁爱，无私爱，无偏爱；万物之生灭，一任自然而然，无关天地的仁爱与否。圣人，则必效法道，取法"天地不仁"，而决不以一己之仁去立身处世。老子为阐明此道，又精心选用了"刍狗"的意象。"天地不仁"就类似"以万物为刍狗"，一切在时间之流中变化，正当其时，适得其所，能得其用，则尊而贵；其时已过，其境已迁，不必再用，则弃而贱矣。刍狗本无灵性可言，然而人当敏察这种转化之微妙，从而主动、能动地当进则进，当用则用，然而又了然于功成则身退，从而可以免于遭受抛弃与践踏之辱。

老子的智慧有不少是直接从生活中触发出来的，"橐籥"是他慧眼捕捉到的又一个意象。"橐籥"内部是空虚的，不鼓动时是寂静的无为的，然而一旦鼓动就能生出风来，而且越是鼓动，风越是不息。天地的包裹不就像"橐籥"吗？天地之间的道运行起来不就是"虚而不屈，动而愈出"吗？

"多言数穷，不如守中。"老子主张行无言之教化，也与其

"无为"的理念相一致。"守中"之理念对后世影响深远，如《庄子·齐物论》："枢始得其环中，以应无穷。"意思是，合乎道枢，才像得到圆环的中心，可以顺应无穷的变化。守中之为用，其用大哉，可以执一而驭万，居中而应圜，以无为而有为。当然，儒家也讲"中""执中"（《论语·尧曰》）、"中庸"（《论语·雍也》）等，其实圣哲贤者都关注"中"，然而又各自注入了自己深湛思辨的内涵。

# 六章

谷神不死①，是谓玄牝②。玄牝之门，是谓天地根。绵绵若存，用之不勤③。

**【注释】**

①谷神：空虚而神妙莫测的变化，又喻指道。《尔雅·释水》："水注溪曰谷。" ②玄牝：喻指滋生万物的本源，亦即道。牝，指雌性动物的生殖器。《说文》："牝，畜母也。从牛，匕声。" ③勤：尽。

**【译文】**

道似谷之虚旷神秘而不死，这称为玄妙的母性。玄妙的母性之门，这称为天地之根源。绵绵不断似若长存，用之永不竭尽。

**【解析】**

本章河上公本称为"成象第六"，成玄英称"谷神章"。帛书甲乙本均有此章。竹简本无此章。

本章短短六句二十五字，但引发出后人多元视野下的解读，内涵丰富，智慧琳琅。

老子示现"道"的意象之一便是谷神。山谷之空虚、容纳、变化、能产、莫测之神秘，是道的绝妙意象。道的又一意象是玄牝，即形而上的玄秘之牝。道似雌性，不仅能生，且能生生不息，其存绵绵，其用不尽，因其玄妙，故称为玄牝。

哲学角度解读。本章旨在描述道的存在、状况与作用，阐述道之特征五端：道之体，则其不可见；道之德，则能虚，能容，能盈，能应，能生，能神变，能不死；道之用，则可用之不尽，取之不竭；道之存在是玄妙的，绵绵若存，恍恍惚惚的；道永远不死，永世不灭。

养生学角度解读。"谷神"的"谷"被解释为丹田，"神"被看作元神、元气。"丹田"一词，初见于东汉《老子铭》中的"存想丹田"。"丹田"被看作是人之根，性命之祖，生气之源，精神之藏。导引家炼养精、气、神，要意守丹田，最后"结丹""存丹"。

宗教角度解读。冯友兰《中国哲学史新编》就将原始思维、原始崇拜、生殖崇拜与老子此章联系起来解读："《老子》在这里所说的'牝'，就是女性的生殖器。它所根据的原始宗教，大概以女性生殖器为崇拜的对象。因为它不是一般的女性生殖器，所以称为'玄牝'。天地万物都是从这个'玄牝'中生出来的。'谷

神'就是形容这个'玄牝'的。女性生殖器是中空的，所以称为
'谷'。玄牝又是不死的，所以又称为'神'。"

道教角度解读。《老子想尔注》解说："谷者，欲也。精结为
神，欲令神不死，当结精自守。"又曰："能用此道，应得仙寿，男
女之事，不可不勤也。"亦见道教解读向度之一斑，而后人解读角
度不同，则各有会心且各能施用。

# 七章

天长地久。天地所以能长且久者，以其不自生，故能长生。是以圣人后其身而身先①，外其身而身存②。非以其无私邪③? 故能成其私。

**【注释】**

①后其身：使其身置后。　②外其身：使其身置外。　③邪（yé）：同"耶"，表示反问语气。

**【译文】**

天长地久。天地之所以能够长存且久在，是因为天地不为自我而生，所以能够长生。因此圣人将自身置之于后，却反而能够居先；将自身置之度外，却反而能够保存自身。不就是因为他无私吗？所以才能够成就其私。

**【解析】**

本章河上公本称为"韬光第七"，成玄英称"天长地久章"。帛书甲乙本均有此章。竹简本无此章。

本章中老子运用朴素辩证法，揭出事物向着矛盾对立面发展的规律。先揭示"天长地久"的现象，转而由"天地"至于"圣人"，晓谕人们当效法天地卓立人世。

人之生命如此短暂，而天地却绵绵长存。"逝者如斯夫！不舍昼夜。""对酒当歌，人生几何？""前不见古人，后不见来者。念天地之悠悠，独怆然而涕下。""夫天地者，万物之逆旅；光阴者，百代之过客。而浮生若梦，为欢几何？""寄蜉蝣于天地，渺沧海之一粟。哀吾生之须臾，羡长江之无穷。"人们一代代感叹着生命匆匆流逝，惊羡天长地久。

老子一探"天长地久"之道，从而取其法，又效其法。老子不是科学家式的回答，而是哲学家式的思考。天地凭什么能长且久？其关键在于法道，不自私自利而能长久。先说天地之长久，再转而说人世："是以圣人后其身而身先，外其身而身存。"乍一看，这是个悖论；再一想，这是个高论；若深思，这是个超越于尘世之上，而又能回归世俗的妙论。

最后老子点醒深层之缘由："非以其无私邪？故能成其私。"这是一种处世的辩证法，唯其无私，才能成其私。魏源有评："上章谷神不死而为天地根，此天地之所以长久也。天施地生，而不自私其生，故能长生。”"是以圣人处柔处下，本以先人而后其身也，而人愈贵之；寡欲无求，本以利人而外其身也，而人愈不害之。其'后身''外身'，夫非心之无私邪？乃身以先且存焉，而成其私，亦理、势之固然耳。"（《老子本义》）将两章连贯解读，文义更加显豁。

老子此章的名言与智慧，或可结晶为"后身身先""外身身存""无私成私"与"持后"等，均辩证地指出矛盾向着对立面转化与发展的道理，又是以反得正、欲正先反的智慧。

# 八章

上善若水。水善利万物而不争，处众人之所恶，故几于道①。居善地，心善渊，与善仁，言善信，正②善治，事善能，动善时。夫唯不争，故无尤③。

**【注释】**

①几(jī)：接近。《尔雅·释诂》："几，近也。" ②正：同"政"，政治、政事。《说文》："政，正也。" ③尤：过失。《说文》："尤，异也。"《玉篇·乙部》："尤，过也。"

**【译文】**

上善好像水一样。水善于有利万物，但不与相争；处在众人所厌恶的低洼地方，所以最接近于道。居处善于选择地势，心胸善于渊默沉静，待人善于真诚仁爱，说话善于诚实守信，治政善于清静自正，处事善于发挥才能，行动善于抓住时机。正因为不争，所以没有过失。

**【解析】**

本章河上公本称为"易性第八",成玄英称"上善章"。帛书甲乙本均有此章。竹简本无此章。

本章主题说"上善若水",最高境界的善就像水一样,并具体解读了"水"之"上善"的诸多方面。

老子赞赏"善"。"上善"是上等的善,"上善"者是水,实际为喻人。"上善"之人也即是"上德"之人,如何形象而深刻地表述出来,老子想到了水。"上善若水",这真为妙喻。古今中外的哲学家都喜欢从水中体悟哲学与人生的问题,而老子用水的意象来比拟道、解读道则尤为精警。

"上善"是集众善而成其上者,可解读诸种内涵。这里先揭示水"上善"之三德性:其一,水有善利万物之德。水潜滋万物,使得万物得以生、长、养、成,"善"于利万物。其二,水有不争之德。水虽付出,却从不索取,从不争夺,"善"于不争。其三,水有处下之德。众人皆争高爽处,厌恶卑下低湿,躲避污秽唯恐不及。水却默默无悔地流向彼处,这是甘心于处众人之所恶,"善"于处众人之所恶。此"三德"又称为水之"三能"。

此后再连续揭示水之"七善":一、"居善地",能不逆而善下,可止则止,无地不宜,既润泽万物,又成就了百谷王。二、"心善渊",能善至渊静,藏心微妙,深不可测,静则照物。三、"与善仁",善施予而不求回报,兼爱而无私。四、"言善信",善守诚信，不欺不瞒。五、"正善治"，从政治民，涤荡尘秽，清平善定。六、"事善能"，任物善应，方圆随器，善用且成。七、"动善时"，春则泮而冬则凝，行动善观时机，动静随机应变。

最后，老子再次提醒人们要重视"不争"之德。水的种种"善"中，"不争"是最为关键的"善"。用"不争"之道贯穿诸"善"，则没有过失。老子说"不争"，此章前后两次重复安排，用意不可谓不深长。

# 九章

持而盈之①，不如其已②。揣而梲之③，不可长保。金玉满堂，莫之能守。富贵而骄，自遗其咎④。功遂身退⑤，天之道也。

**【注释】**

①持：握持，持守。《说文》："持，握也。" ②已：止。 ③揣（chuí）：捶击。《说文》："揣，量也。度高曰揣。一曰捶之。"梲：《说文》："梲（zhuō），木杖也。"此处通"锐"，尖锐。河上公本即作"锐"。 ④咎：祸患。 ⑤遂：成，成就。

**【译文】**

执持而使满盈，不如适可而止。捶击而使锐利，不能长保。金玉满堂，没有谁能守住。富贵而骄傲，自己留下灾祸。功业既成则引身退去，这是自然的规律。

【解析】

本章河上公本称为"运夷第九",成玄英称"持而章"。帛书甲本缺数字,乙本缺一字。竹简本有此章。

本章老子揭示人生与事业的智慧,由五大名言警句构成,且均为八字一句,皆作四字一顿,节奏极分明,文句极整齐。本章犹似老子的一颗智慧的宝石,其五个切面都毫光闪烁,熠熠生辉。

如何来看待、对待人生中的"满盈""持盈"状态?用当代的话来说,即如何把握、把持"巅峰"状态?老子叫人们戒"持盈",认为要保持、奉持盈满之状态,就要适可而止。

"富贵而骄,自遗其咎。"这是对于财产之"富"与地位之"贵"的戒盈智慧。因富贵而骄,会给自己带来祸害。如《管子·霸言》曰:"富而骄肆者复贫。"这就是自遗的一咎。

"功遂身退,天之道也。""功遂",就是功成,古代常包含功业与名声这两方面,功业建树,名声成就,所以又常见"功成名就""功成名立""功成名遂"之说。老子认为人当法天,而天道即是如此,如王弼注:"四时更运,功成则移。"大自然就这么遵循着道,作着周而复始的永不疲殆的"功成身退"的生动演绎。

"功遂身退"中还有老子的深层意蕴:一是"身退"并非就一定要退隐、离开有权有势的位子。如王真说:"身退者,非谓必使其避位而去也,但欲其功成而不有之耳。"(《道德经论兵要义述》）二是"身退"的退路很多，老子讲的这几个"不（弗）"，都是"身退"之路，并非"身退"后，功劳就没有了。这恰恰合符了"反者道之动"的辩证法，正如老子说的"夫唯弗居，是以不去"，"不自伐，故有功"。这些再次显示了老子智慧的深邃。"功遂身退"的成语就出自此章，后来又变化为"功成身退""身退功成"等。

# 十章

载营魄抱一<sup>①</sup>，能无离乎？专气致柔<sup>②</sup>，能婴儿乎？涤除玄览<sup>③</sup>，能无疵乎<sup>④</sup>？爱民治国，能无知乎？天门开阖<sup>⑤</sup>，能无雌乎？明白四达，能无为乎？生之畜之，生而不有，为而不恃，长而不宰，是谓玄德<sup>⑥</sup>。

**【注释】**

①载：句首语助词，相当于"夫"。或释为负载。或说为"哉"，当属于上章末句。营魄：魂魄。河上公注："营魄，魂魄也。"营，通"魂"。一：指道，或说身。　②专：专一。或作"抟（tuán）"，结聚。《说文》："抟，圜也，从手，专声。"　③玄览：玄妙的镜子，喻指人心。览，通"鉴"，镜子。　④疵：瑕疵，弊病。　⑤天门：指耳目口鼻等天赋的感官，或说天地间的自然阴阳变化。　⑥玄德：玄妙之德。奚侗注："玄德，犹云至德，以其深远，故云玄也。"

**【译文】**

灵魂和肉体抱合守一，能够不分离吗？专聚敛气而致以柔和，能够像婴儿吗？洗涤清除心灵明镜，能够无瑕疵吗？爱护民众而治理国家，能不用心智吗？感官的门户开与阖，能不失雌柔吗？心中明白而四通八达，能做到无为吗？生长万物，养育万物，生养而不据有，作为而不依恃，长成而不主宰，这就称为玄妙的德性。

**【解析】**

本章河上公本称为"能为第十"，成玄英称为"载营"章。帛书甲乙本均有此章，甲本多残缺。竹简本无此章。

本章中老子提出一系列的问题，连续逼问人们修身养生以及爱民治国等问题，在逼问中，启迪心灵，明示门径。本章精微玄妙，义理深湛，口诵心赏愈久，则其味愈醇。

老子一开篇就连续六个发问，其实是一种对修身者、治国者的灵魂与智慧的拷问。前三问是修身养生的问题，后三问是爱民治国的主题，两者有无内在联系？古人范应元说："谓抱一、专气、涤除等事，既已修身明心，可推充此道以及人物，即爱民治国之本也。"老子的逻辑就是先治身，再推至于爱民治国。蒋锡昌《老子校诂》说："所以治身先于治国者，以治身为治国之本也。此为老子之重要教训，而古来治《老子》者，惟太史公知之最为透澈。太史公之言曰：'凡人所生者神也，所托者形也。神大用则竭，形大劳则敝，形神离则死。死者不可复生，离者不可复反，故圣人重之。由是观之，神者生之本也，形者生之具也，不先定其神，而曰我有以治天下，何由哉！'史公自言：'尝习道论于黄子'，其渊源所本，有自来矣。"

"玄德"是既深邃又幽远且精微的玄妙之德，是最高境界的盛德、大德、至德，也就是"上德"。《庄子·天地》云："是谓玄德，同乎大顺。"郭象注："德玄而所顺者大矣！""玄德"之"德"，便能包容广大，又幽隐泯迹，与天地融合，与自然顺合。

本章对道家、道教的身心修炼影响深远，其中的"载营魄抱一""专气致柔""涤除玄览"等，都成为了修炼的基本理路、原则与方法。从养生与导引术来说，后人所受启发也颇多。如河上公注："营魄，魂魄也。人载魂魄之上得以生，当爱养之。喜怒亡魂，卒惊伤魄。魂在肝，魄在肺；美酒甘肴腐人肝肺。故魂静志道不乱，魄安得寿延年也。"如此解读，于养生颇可触悟。

# 十一章

三十辐共一毂①，当其无②，有车之用。埏埴以为器③，当其无，有器之用。凿户牖以为室④，当其无，有室之用。故有之以为利，无之以为用。

**【注释】**

①辐：车轮的辐条。毂(gǔ)：车轮中心圆孔之木。《说文》："毂，辐所凑(会聚)也。"《六书故》："轮之正中为毂，空其中，轴所贯也，辐凑其外。" ②当：在。 ③埏(shān)埴(zhí)：揉和粘土。埴，粘土。埏，或作"挻(shān)"，陆德明《释文》："挻，河上云：'和也。'《声类》云：'柔也。'"《说文》："挻，长也，从手，从延。"朱骏声注："凡柔和之物，引之使长，抟之使短，可折可合，可方可圆，谓之挻。" ④户：门户。牖(yǒu)：窗。

**【译文】**

车轮的三十根辐条共同辏集在一个车毂上，就在于车毂的中空,才有车子的作用。揉和粘土来制造器皿,就在于器皿的中空,才有器皿的作用。开凿门窗建造房室,就在于门窗与房室的中空,才有房室的作用。所以实体的"有"带来了便利,虚空的"无"发挥了作用。

**【解析】**

本章河上公本称为"无用第十一",成玄英称为"三十辐章"。帛书甲本残缺,乙本全。竹简本无此章。

"无"与"有"是老子关心并着力诠释的一个核心问题。本章展示两个不同层面:一是形而上的,是超经验、超现象界的"无"与"有";一是形而下的,是经验的、现象界里的"无"与"有"。

老子选择辐毂之车、埏埴之器、户牖之室,启示人们妙悟其中的"无"与"有",最后推出结论:"无"与"有"是对立的,又是统一的,是辩证地相互依存,互相生发,交相利用的。然而"有之利"常能显明,而易知易晓;"无之用"却常被遮蔽,甚或忽略不明。老子特别彰显了"无"之"用"。世人若能用智究心于"无",乃至能敏察于"无"之用、"无用"之用,而不是习焉不察,忽而不明,岂非人生一大智慧?

从道的"有""无"下移至现象界的"有""无",反之追悟则可由现象界而至于道之境界的"有""无"。确实,如真能再由现象界的"无"与"有"的哲理悟通,而至于翱翔于超经验界、本体界的区宇,那么上下通达,于老子之"道"、于人世与宇宙之"道"
开悟必多!

哲人其敏,在于敏察一般人所熟视无睹的地方;哲人其慧,
在于有一颗慧心通灵感物。车、器、室三物,一般人只是着眼于他
们的功用在于实体,而忽略了虚空的作用,无视车毂、陶器、房室
的空处。老子则将虚空的存在揭示,又将虚空的作用张扬。"有"
与"无"联列并观,则观其互存互依,察其互利互用。老子的哲理
从日常的器物中悟出,最终又跃入哲学范畴"有""无"的悟通。
在老子的深层理念中,道体就是有、道源就是无。《老子》又论
述了由"无"构成的"无为""无极""无事""无名""无知""无
欲"等的深刻内涵,启迪世人。"无"不是简单地否定"有",还包
摄复杂的内容。"无"中既生"有","有"又归于"无"。"无"有
着深藏的意义,而"有"与"无"又共同发挥其价值作用。

# 十二章

五色令人目盲①，五音令人耳聋②，五味令人口爽③，驰骋畋猎令人心发狂④，难得之货令人行妨⑤。是以圣人为腹不为目⑥，故去彼取此。

**【注释】**

①五色：青、黄、赤、白、黑。这里泛指色之繁多。　②五音：宫、商、角、徵、羽。这里泛指声之繁多。　③五味：甜、酸、苦、辛、咸。这里泛指味之繁多。爽：差错，伤害。《广雅·释诂》："爽，伤也。"　④畋（tián）：打猎。狂：放纵，发狂。　⑤妨：损害，伤害。　⑥为：为了。或如高亨注："为（wéi），理也。"

**【译文】**

五彩纷繁使人眼花缭乱，五音嘈杂使人听觉不灵，五味错乱使人味觉差失，纵横奔走打猎使人心神发狂，稀有难得的货物使人行为变坏。因此圣人只为腹之饮食，不为纵情声色的欢娱，所以抛去那些外在的诱惑，选取这实腹养己的生活。


**【解析】**

本章河上公本称"检欲第十二"，成玄英称"五色章"。帛书甲本稍残，乙本基本全。竹简本无此章。

本章老子讲述人生之道，应当不贪欲、常知足，不迷恋于五色、五音、五味，远离驰骋畋猎，割舍难得之货，洗涤尘世之埃，歇息狂心妄念。人生如果"为腹不为目"，便真气内充，神明焕发，不遭灾咎之罗网。

"五色"本来并不"令人目盲"，"五音"也本不"令人耳聋"，"五味"也不会"令人口爽"，"驰骋畋猎"也不"令人心发狂"，"难得之货"同样不"令人行妨"，但是如果贪恋流连于此、纵欲奢靡于此、荒唐沉溺于此，那么就必遭此等祸殃。老子此说虽是告诫一切人，但当时还是偏重于对统治者的针砭。

《庄子·天地篇》有曰："且夫失性有五：一曰五色乱目，使目不明；二曰五声乱耳，使耳不聪；三曰五臭（膻、薰、香、腥、腐之气）薰鼻，困惾（zōng，壅塞纷扰）中颡（sǎng，刺激头脑）；四曰五味浊口，使口厉爽；五曰趣舍滑心，使性飞扬。此五者，皆生之害也。"若到了这种地步，就对生命带来了危害。验诸历代，均是此因必果，屡试不爽的。若能反其道而行，则能超拔尘世而能反照于无色之色，反听于无声之声，反顾于无形之形的大道了！

　　圣人"为腹"，表示一种极简单、清静、无贪欲之生存态，喻指人之"内在"应当充实。"为腹"者实是守道的意象。如成玄英曰："怀道抱德，充满于内，故为腹也。内视无色，返听无声，诸根空净，不染尘境，故不为目也。""为目"，是背道而驰的逐物意象。终至"故去彼取此"，其道理豁然洞开。"彼"即"为目"，"此"即"为腹"，当取的是无贪欲的简单清静的生活。老子要世人清心寡欲，敛性收心，守道存真。当然，老子这里所讲的，也是养生之一妙方。

# 十三章

宠辱若惊①，贵大患若身。何谓宠辱若惊？宠为下，得之若惊，失之若惊，是谓宠辱若惊。何谓贵大患若身？吾所以有大患者，为吾有身，及吾无身②，吾有何患？故贵以身为天下，若可寄天下③；爱以身为天下，若可托天下。

**【注释】**

①宠：宠爱，恩宠。《说文》："宠，尊居也。"若：如此乃，如此就。严复说："通章'若'字，皆作'如此乃'三字读。"惊：惊骇，震惊。《说文》："驚（惊），马骇也。"　②及：等到。③寄：委托。

**【译文】**

得到宠荣、耻辱就会受到惊恐；看重大患，就会看重自己的身体。什么叫做"宠辱若惊"？宠荣是下等的，得到它就会受到惊恐，失掉它就会受到惊恐，这就叫做宠辱若惊。什么叫做"贵大患若身"？我之所以有大患，是因为我有个身体，等到我没有身体，我有什么祸患呢？因此用以自身为贵的理念去治理天下，如此才可以把天下寄托给他；用以自身为爱的理念去治理天下，如此就可以把天下托付给他。

**【解析】**

本章河上公本称为"厌耻第十三"，成玄英称"宠辱章"。帛书甲乙本均有此章。竹简本有此章。

上章讲"圣人"之生存是"为腹不为目"，本章紧接着讲如此"圣人"才能治天下，可将天下托付于他。本章分为三层，先提出命题，再解读命题的内涵，最后晓明深旨。

老子认为不要把"宠""辱"放在心上，当由"宠辱若惊"——"宠辱不惊"——"无宠无辱"。老子又说吾有大患的原因，是因为我有个身体，等到我没有身体，我有何患呢？"及吾无身"，王弼注："归之自然也。"这就是说，并非要人们消灭自己的肉体，而是将自身归顺于自然的生命过程，而不被身外之物诱惑，招致大患。

如果能摸索到老子的理路，就容易知晓此中逻辑。人之生存，是以身体为载体与根本，与一切身外之物相比较，身体最为贵重，最需要关爱。其实"贵身"与"爱身"就当用道去管理生命，使其"专气致柔"而至于"长生久视"。能够像贵重自己身体一样来治理天下，就可以把天下交托给他。这是因为他会由爱护、贵重自己之身，进而推及爱护、贵重他人之身，进而再推及爱护、贵重天下人之身。

此处再次表明老子的理念，即能够"贵生""爱生"的"圣人"，把天下交托给他，他就会这样去践行的。老子理念的深层逻辑，又有把治身与治理天下作为"同类"而推论的，如有"以身观身"的逻辑理念。老子说："故以身观身，以家观家，以乡观乡，以国观国，以天下观天下。"这就看到"身"作为整个"观"之链上的首要的一环，而一直连缀至于"天下"。这也可以悟通老子在本章中的道理，为什么如此贵生、爱生的人才是可以寄托天下的人了。

本章对于后世养生理念影响深远。

# 十四章

视之不见名曰夷①，听之不闻名曰希②，搏之不得名曰微③。此三者，不可致诘④，故混而为一⑤。其上不皦⑥，其下不昧⑦，绳绳不可名⑧，复归于无物。是谓无状之状，无物之象，是谓惚恍。迎之不见其首，随之不见其后。执古之道，以御今之有⑨，能知古始，是谓道纪⑩。

## 【注释】

①夷：指幽而不显，感官无法把握之物。河上公注："无色曰夷。"《广雅·释诂》："夷，灭也。"　②希：指虚空寂静。河上公注："无声曰希。"《释文》："希，静也。"　③搏：抓，摸，击。帛书本作"捪"。《说文》："捪（mín），抚也，从手，昏声。一曰摹也。"微：河上公注："无形曰微。"　④致：尽，极。诘：问，细问。　⑤故：固，本来。　⑥皦（jiǎo）：明亮。　⑦昧：昏暗。⑧绳绳（mǐnmǐn）：指连续不断，没有边际。名：形容，称说。⑨御：驾驭，支配。　⑩纪：纲纪、原理，也指法则、规律。

**【译文】**

道，看它看不见叫"夷"，听它听不见叫"希"，摸它摸不着叫"微"。这三者，不可以穷究追问，本来就是混合而为一的。它的上面不明亮，它的下面不昏暗，连绵不绝而不可言说，复返回归到没有物体。这叫作没有形状的形状，没有物体的形象，这也叫做惚恍。迎着它看不见它的前头，追随它看不见它的后端。执持古始之时的道的本原"无"，用来驾驭当今的万事万物之"有"，能知古始之道，这就称为懂得了道的纲纪。

**【解析】**

本章河上公本称为"赞玄第十四"，成玄英称"视之章"。帛书甲乙本均有此章。竹简本无此章。

本章老子再从另一维度继续来解说道之本体。

"夷""希""微"，大致都是幽隐而不显之意，是从视、听、搏几个不同方面来言说道的。再揭示大道之不可见、不可闻、不可得、"不可致诘"，故是"混而为一"的。道之体，则当意会、心悟、神通。道体的上下本为不皦不昧，又连绵不断而不可名说，是不能用名称概念去把握的，而一切又复归于无。如果对这种"惚恍"之存在状态还要再描述，那么道无始无终，无涯无际。既没有形态上的开端，也没有形态上的末端；既没有时间上的肇始，也没有时间上的结束。严复注："见首见尾，必有穷之物；道与宇宙,皆无穷者也,何由见之?"于超验世界的"道",老子指点世人必须要应之以超验的玄思冥想、心领神悟而有所得。

道之用有无穷奥妙,老子再以金针度人,传授要诀。"道纪",指道的纲纪,即是道的纲要、体系与规律。其能张者是为纲,其能理者是为纪。"纲"是提网的总绳,张之为纲,网罟必须有纲。"纪"是丝缕的头绪,理之为纪,丝缕必须有纪。因此若能睿知"道纪"之贯穿于万事万物、成败治乱、兴毁废替,那么以此御今,则涣若冰释了。

老子还告诉人们不仅是"执古御今",还可以反向运动。即是"以今知古"。确实一代一代人越来越远离"古始",但是"常道"常在,自古至今,且由今至后,不灭不亡。人们如果在当下的时空中可以去认识事物深层的道之动、道之反、道之成、道之用等,当能优游于"执古御今"和"以今知古"的双向回路中了!

本章表述上,显得恍恍惚惚,模模糊糊,隐隐约约。老子使用模糊语言来表述道的模糊、模糊的道,的确是运用模糊语言的高手。

# 十五章

古之善为士者①，微妙玄通，深不可识。夫唯不可识，故强为之容：豫焉若冬涉川②，犹兮若畏四邻③，俨兮其若容④，涣兮若冰之将释⑤，敦兮其若朴⑥，旷兮其若谷，混兮其若浊。孰能浊以静之徐清？孰能安以久动之徐生⑦？保此道者不欲盈。夫唯不盈，故能蔽不新成⑧。

**【注释】**

①士：此指有德行者。帛书作"道"，竹简本作"士"。　②豫焉：慎重、小心的样子。焉，或作"兮"。　③犹兮：警觉而疑惧不决的样子。　④容：竹简本等作"客"。　⑤涣：《说文》："涣，流散也。"释：就是分解。《说文》："释，解也。"　⑥朴：未经加工的木材。　⑦久：或认为衍文。　⑧蔽：通"敝"，破旧。或如王弼注："蔽，覆盖也。"

**【译文】**

古代善于行道之士，玄妙通达，深邃得不可认识。正因为不可认识，所以才勉强地形容他：他小心谨慎啊，就像冬天趟水过河。他警觉戒惧啊，就像害怕四周邻国的围攻。他恭敬庄重啊，就像个客人。他涣然洒脱啊，就像冰凌的融解。他敦厚朴实啊，就像未雕凿的原木。他开阔空旷啊，就像山谷一般。他浑厚纯朴啊，就像浊水尚未澄清。谁能够在浊水动荡中静下来，使其徐徐变清？谁能够在安静中转化为动，徐徐新生？保持这种处世之道的人，不肯自满。正因为他不肯自满，所以虽破旧而不求新成。

**【解析】**

本章河上公本称为"显德第十五"，成玄英称"古之章"。帛书甲乙本均有此章。竹简本有此章。

本章中老子描述了古代善为士之得道者的品性与人格魅力，且指点世人入道的门径。

为什么不说圣人，而说古代的"善为士者"？魏源注："此章不言圣人、至人，而言善士者，是专示人入道之要，而'强为之容'也。"由"粗"—"微"—"妙"—"玄"—"通"—"深"，终至于一种通达无碍、深若大海的瑰丽境界，且深邃得不可被认识。这就是老子出示的成功修炼之士的榜样，并指点后来者学道入道、修道得道的路径。

正因为深不可识，所以只能勉为其难地描述其容貌、形象与精神，故连用"七若"：若冬涉川、若畏四邻、若容、若冰之将释、若朴、若谷、若浊，来"强为之容"。"七若"的内涵以及逻辑关系，魏源有说解："此三者，皆有道者'不敢为天下先'。""为道至于融释，则反本完真，乃能存天性之全而不雕于人伪，故'若朴'也。性全而不自有其全，无所不受，故'若谷'。水性本清而不自洁于物，故'若浊'。夫七者，有道之容，而即求道之要。豫、犹、俨恪者，所以入德也。既涣然冰释，乃能希夫敦、朴、旷、浑之全，所以成德也。"

"孰能浊以静之徐清？孰能安以久动之徐生？"这是何等美妙的运作之节律、驾驭之韵律、哲学之智慧！由浊—静—清，再由清之安—动—生。此深层即寓涵着老子"反者道之动"的智慧。这是由此而反彼，又由反而至于正，是正反与相反的"反之动"，又是循环往复的"反之动"。善为道者的心灵智慧即是如此！

"蔽不新成"与"蔽而新成"，正如河上公注："夫唯不盈满之人，能守蔽，不为新成。蔽者，匿光荣。新成者，贵功名。"此均指韬光养晦之意。也有学者认为"故能蔽不新成"当为"故能蔽（敝）而新成"，此见易顺鼎之说，高亨、陈鼓应等从之。

# 十六章

致虚极,守静笃①。万物并作②,吾以观复③。夫物芸芸④,各复归其根⑤。归根曰静,是谓复命⑥。复命曰常⑦,知常曰明。不知常,妄作凶。知常容,容乃公,公乃王,王乃天⑧,天乃道,道乃久,没身不殆⑨。

**【注释】**

①笃:专一,坚定。　②作:兴起,发生。　③复:复归,返回。　④芸芸:众多的样子。　⑤根:喻指事物的根源、本根。⑥命:天赋的本性。　⑦常:常道,永恒的规律。　⑧王:"公乃王,王乃天"的两个"王",指王道。或说当作"全",周遍。⑨没(mò)身:终身。殆:危险。

**【译文】**

心虚无欲达到极点,守持清静做到坚定。万物都在生成活动,我看到的是循环往复。万物纷杂生存,又各自返归它们的本原。返归本原称为"静",这叫做复归本性。复归本性称为"常",了解"常"称为"明"。不了解"常"而妄动乱为,就会遇到凶祸。了解了"常"就会无所不容,无所不容就能公正,公正就合王道,王道就合天理自然,符合天理自然才能合乎"道",合乎"道"就能长久,直到老死不会发生危险。

**【解析】**

本章河上公本称为"归根第十六",成玄英称"致虚极章"。帛书甲乙本均有此章。竹简本有此章。

老子在本章说心灵能"致虚极""守静笃",则能达到内心的淡泊,性灵的明澈,由此能"观复""知常",健行不息,没身不殆。

心灵达到虚极而空灵是修养;灵魂虚净,寡欲无为,恬淡自甘,是境界。能虚极而至于"无",有三要义可说:其一,道体虚无,故能包含万物;性合乎道,故能有而若无,实而若虚。其二,守"虚无",又是对世俗趋利贪欲的反拨,而且这才合乎"天德",即自然的规律。其三,守恃"虚无",是对生命的修炼与呵护。正如《素问·上古天真论》:"恬淡虚无,真气从之;精神内守,病安从来?"这是珍贵的养生之道,无病也能从"致虚极"而来。后来庄子说"唯道集虚",老子主张的"致虚极"理念,在《庄子》那里得到了充分的传承和发挥,如"虚室生白,吉祥止止"等等,流传千古而不废。

"守静笃"是指要笃实地守住清静、静寂。入静守静，凝神内守，笃定持守，心无一波一浪，神无一纵一驰，这是虚静无为。老子的"致虚极，守静笃"之说影响深远，又因其启示了功夫之修炼。

"复"为老子的重要哲学范畴之一。"观复"的结果是，万物纷然杂陈、纷纭竞生，然而最后都自然而然地、回归复返至那根本。此为有归于无，动归于静，生归于死，一切复归于道之规律。"复命"，是复归于"命"，也就复归自然形成的本性。"常"，老子凝集结晶为他的哲学范畴，即是规律、法规、法则。

"知常曰明"之"明"，是老子又一关注点。"明"非"智"所及，"明"高于"智"。"明"，是敏明深察于巨细、内外、本末、他我、物道等等。老子正说之后，又反说。如果"不知常"则已属不"明"，若进而变本加厉地"妄作"，则必凶而无吉！另外，本章在心理学上也备受重视。

# 十七章

太上①，下知有之②。其次，亲而誉之。其次，畏之。其次，侮之。信不足焉，有不信焉③。悠兮其贵言④，功成事遂⑤，百姓皆谓我自然⑥。

**【注释】**

①太上：最上，至上。王弼注："太上，谓大人也。大人在上，故曰太上。"　②下知有之：或作"下不知有之""不知有之"。下：民众。　③信不足焉，有不信焉："焉"字，犹"也"。　④悠兮：悠闲的样子。　⑤遂：成，成就。《广韵》："遂，成也。"《广雅》："遂，竟也。"　⑥谓：说，以为。自然：本来如此。

**【译文】**

最上等的君王，民众只是知道有他的存在。次一等的，亲近而且称誉他。又次一等的，畏惧他。再次一等的，侮辱他。他的信用不足，民众不相信他。（最上等的）悠闲啊，他看重言论

（而不轻易发号施令）。功业成就，百姓都说，我们是自然而然做到的。

**【解析】**

本章河上公本称为"淳风第十七"，成玄英称"太上章"。帛书甲乙本均有此章。竹简本有此章。

本章老子论君王治政之道，由大道之治逐渐降至于等而最下的"侮之"。这既是按照治理的高下层级来区分的，又是以大道运行的坐标为参照。

治政四层级，由大道盛行，至于渐衰，至于渐废，一降再降。治理也由大道之治—用仁义—用刑法—用权谲，逐渐降至于最下。这便是由"下知有之""亲而誉之""畏之""侮之"层级下移，反思原因则是"信不足焉，有不信焉"。正因为上之可信度不足，于是有不信任，民众就会不信上。

诚信、信用是上下对流、双方交流的，而起决定作用的是上对下的"信"，即是统治者要对民众诚信不欺、承诺信用、信守不渝；百姓也反馈以信望、报之以信誉，这就是民心。信者能得民心，信不足者失去民心。老子还有更深层的理念，但往往被解读者忽略了。老子的"信"里还涵有"道""规律"之意，如说"其中有信"，"信"就是指道的存在、规律的存在。因此"信不足焉"还含有统治者对管理之道、规律的认识不足、信赖不足，甚至于不信，如此民众就不满意也不会信任他。

最后从治世的衰败中返回来，再对"太上"之治的境界进行观照、对比以警示世人。吴澄说："贵，宝重也。宝重其言，不肯轻易出口。盖圣人不言无为，俾民阴受其赐，得以各安其生。"老子再次强调无为、不言之教在治民中的重要。

"功成事遂，百姓皆谓我自然。"王弼注："自然，其端兆不可得而见也，其意趣不可得而睹也。无物可以易其言，言必有应，故曰'悠兮其贵言'也。居无为之事，行不言之教，不以形立物，故功成事遂，而百姓不知其所以然也。"如此事功的成就，民众都以为一切是自为自理、自治自成，这就是"自然而然"。如此的成功当属于最高的境地。

# 十八章

大道废,有仁义。慧智出①,有大伪。六亲不和②,有孝慈。国家昏乱,有忠臣。

**【注释】**

①慧智:即智慧。 ②六亲:说法不一,王弼注:"父子、兄弟、夫妇也。"或可理解为近亲。

**【译文】**

大道废除,然后有仁义。智慧滋生,然后有大伪。六亲不和,然后有孝慈。国家昏乱,然后有忠臣。

**【解析】**

本章河上公本称为"俗薄第十八",成玄英称"大道章"。帛书甲乙本均有此章。竹简本有此章。

这里由上章文义贯通而下,"大道"一降再降,终至于大道废除，由此老子揭出近乎悖论式的"四有"社会现象。

在"仁义"等理念出现之前，是"大道"即自然法则畅行的时代。人人皆朴素本真，人人皆有后世所谓的仁爱道义的实质，然而还不知、也不用"仁义"之称谓。因此既不必推崇仁，也不必追求仁；既无须提倡义，也不用践行义。大道废除后，在上者便倡导"仁义"等来治理民众，这或许被看作一种智慧。但是上用智慧摄下，下用智慧报上；上面智慧愈出，下面诈伪愈甚；上面的智慧愈大，下面的大伪愈多；上下勾心斗角，彼此日益诈伪。

如果六亲和睦，那么虽有孝慈，却不太会形成鲜明的"孝慈"差异。相反"六亲不和"的情况下，"孝慈"的反差就凸显出来。如谚语所说："长病无孝子。"平日父母健康时，子女孝行的差异被遮蔽着，在特殊的"长病"时才会显现出谁是真正的孝子。再如谚语"患难见真情"，说的也是这样的逆向考察法的智慧。

国家大治，许多的利益冲突往往被遮蔽起来了，忠贞与奸邪之间的冲突也被掩盖起来。一旦国家昏乱，那么利益的冲突就尖锐起来，或苟且偷生，或钻营私利，或尽忠保国，于是忠贞者、奸邪者均立见，而冰炭不相容。王弼注："甚美之名，生于大恶，所谓美恶同门。六亲，父子、兄弟、夫妇也。若六亲自和，国家自治，则孝慈、忠臣不知其所在矣。鱼相忘于江湖之道，则相濡之德生也。"这种"相濡以沫"美德的产生，是在特殊的情势下才出现，此意可深味。另外"孝慈"凸显在"六亲不和"之时，忠臣凸显在"国家昏乱"之时，这两条都说出了在特定时间、特殊状态下，经由试验、考验，然后才会显现出结果与价值取向，给人以启示。

# 十九章

绝圣弃智①，民利百倍。绝仁弃义，民复孝慈。绝巧弃利，盗贼无有。此三者，以为文不足，故令有所属：见素抱朴②，少私寡欲。

**【注释】**

①绝：断。《说文》："绝，断丝也。"《玉篇》："绝，断也，灭也。"　②见（xiàn）素：显现出素朴。见，同"现"。

**【译文】**

弃绝圣智，民众获得利益百倍。弃绝仁义，民众复归于孝敬慈爱。弃绝巧利，盗贼就没有。这三件事，作为文治是不足的，所以要使得民众有所归属：抱守素朴，减少私欲。

**【解析】**

本章河上公本称为"还淳第十九"，成玄英称"绝圣章"。帛书甲乙本均有此章。竹简本有此章。

本章内容和前章一脉相承，老子又提出了"三绝三弃"与"见素抱朴，少私寡欲"之说，为人们的立世与治政指点心灵向度，提供玄妙良方。

圣、智，是指才能、智慧。老子认为正因为有所谓的才、智者有为而治，才造成降本流末、舍本求末的结果，使得民利日损，江河日下，祸乱相寻。这就离老子的"无为而治""无为而无不为"的理想境界越来越遥远。因此老子反对且反拨，主张绝圣弃智的回归，如此则民不是失利、无利，而将是得利百倍。

"仁""义"，是指大道被废以后所谓的人性之善，善德善行。如果绝弃这样的仁义，返归于大道之时淳古之世，民众就能恢复当初的父慈子孝。

值得注意的是竹简本作"绝伪弃诈，民复孝慈"，因此或认为"崇尚质朴的主张，与老、孔所处时代的社会风尚较为相应，当为《老子》的原文。彼时儒、道两家思想并未产生强烈的对立现象。而'绝仁弃义'的观点反映了战国中后期学术观点对立极化的情况，当是庄子后学中《胠箧》一派所改，老子本人并不主张弃绝仁义"（陈鼓应等《老子评传》）。此说亦可供参考。

老子曰："绝巧弃利，盗贼无有。""巧"，技巧、巧伪、投机取巧。"利"，私利、利己之欲。这些都是指大道被废以后所谓的巧、利，如果绝之弃之，返归于大道之时淳古之世，那么就没有了盗贼。

以"圣智""仁义""巧利"来作为文治法度，是不足以达到大治的，当使其另有选择与归属，即返回自然而然的大道，然后使得民心、民性、民情回归于素朴与寡欲。这就是要人人能"见素抱朴，少私寡欲"。"圣智""仁义""巧利"，被认为是以末救末、以乱救乱、以弊救弊。老子否定之、抨击之、绝弃之，并令有所属，回归于以本救末、以道救乱、以真救弊。确实，唯有能"见素抱朴"，不被染之、杂之、雕之、琢之，才能"少私寡欲"；而且"朴素"中有一种本真的美，这种美为至美，天下莫与之争。

# 二十章

绝学无忧。唯之与阿①，相去几何②？善之与恶，相去若何③？人之所畏，不可不畏。荒兮其未央哉④。众人熙熙⑤，如享太牢⑥，如春登台。我独泊兮其未兆⑦，如婴儿之未孩⑧，傈傈兮若无所归⑨。众人皆有余，而我独若遗。我愚人之心也哉，沌沌兮⑩。俗人昭昭，我独昏昏。俗人察察，我独闷闷。澹兮其若海⑪，飂兮若无止⑫。众人皆有以⑬，而我独顽似鄙⑭。我独异于人，而贵食母⑮。

**【注释】**

①唯：晚辈对长辈恭敬的应诺声。阿（ē）：怠慢、违逆的答应声，或说指吆喝、呵斥声。成玄英疏："唯，敬诺也。阿，慢应也。"刘师培说，当作"诃"，俗作"呵"，如《说文》："诃，大言而怒也。"（《老子斠补》）　②几何：多少，若干。　③若何：多少，几许。④荒：广漠，广大。央：尽。　⑤熙熙：和乐。　⑥太牢：指古

代祭祀时,牛羊豕三者全备。　⑦兆:迹象、征兆。　⑧未孩:还不会笑。孩,通"咳",小儿笑。　⑨儽儽(léi léi):疲倦、颓丧的样子。　⑩沌沌:愚昧无知的样子。　⑪澹(dàn):静,恬静。《广雅·释诂》:"澹,静也。"　⑫飂(liù):高风,或西风;或说飘动。《说文》:"飂,高风也。"　⑬有以:指有为、有用。⑭顽似鄙:笨拙而且浅陋。"顽"是笨拙、愚蠢的意思。《广雅·释诂》:"顽,钝也。"似,像;帛书本作"以",即而。鄙:鄙陋。　⑮食母:指生养万物的道。母,喻指道。或说食(供养)于母(大道)。

## 【译文】

绝弃所学,就没有忧虑。顺从的应答与怠慢的对答,相差多少呢?善和恶,相去多少呢?他人所畏惧的,我也不可不畏惧。心灵广漠啊,没有涯际。众人熙和欢乐,就如享受太牢的盛筵,就如春天登上高台。我独淡泊,没有欲望的迹象可显露,就像初生婴儿那样还不会笑。我疲惫颓丧啊,就像没有可以归去的地方。众人都盈溢有余,而我独像有所遗弃。我有若愚蠢笨拙之心,混沌无识无知。世俗的人精明计较,我独昏昧不明。世俗的人明察入微,我独昏闷不清。我的心恬澹,就像那大海一样;我的行动,就像高风无所滞止。众人都有用,而我独冥顽不化似鄙陋粗拙。我独异于他人,而贵重生养万物的道。

【解析】

本章河上公本称为"异俗第二十"，成玄英称"绝学章"。帛书甲乙本均有此章。竹简本有此章。

本章老子通过"我"与众人之比较，揭示了不同的生存状态。通过本章，我们可以透视老子的思想理念及其处世间的情感波澜。

绝弃所学则无忧愁，其所绝之"学"，则是末学、外学、世俗之学、异化之学。河上公注："学，谓政教礼乐之学也。"陈鼓应说："谓弃绝异化之学可以无搅扰。'无忧'，即无扰。"（《老子今注今译》）也有人认为是绝弃所有的"学"，如高亨说："弃绝学习"，"不求知识，就可以没有忧患了"。或许可以这样理解，老子的终极要求是弃绝学习，然而要先从弃绝世俗之学做起，这也许是他指点学道者的一个门径。

"唯之与阿，相去几何？善之与恶，相去若何？"这"两问"告诫世人许多看似相对的理念、相对的价值判断，其实又是相反相成，不是截然相对的。于是老子再揭出"我"与世人的生存状态又有哪些"同"和"异"，做出连绵的系列比较。"人之所畏，不可不畏。"这是"我"与他人之"同"，因为"我"毕竟没有脱离人世，也不该脱离人世。"荒兮其未央哉。"以下便说"我"与众人之异。"我"尊道贵德，心灵之域是"荒兮"（即广大啊）、"未央"（即没有尽头）。这方面与众人不同，且相去甚远！

在诸多比较后，老子揭出"我独异"之焦点，是以生养万物的道为贵。所贵者之"异"，是人生价值趋向之异；所求者"异"，又有人生路径之异。一言以蔽之，"异"在他人则不"贵食母"。

本章可一窥老子的精神之域、心灵世界的深处，寥廓、高远、苍茫、恍惚。老子超越茫茫人海，在漫漫哲思之疆，远行深思，上下求索，又不时发出喟叹！

# 二十一章

孔德之容①，惟道是从。道之为物，惟恍惟惚②。惚兮恍兮，其中有象；恍兮惚兮，其中有物。窈兮冥兮③，其中有精④；其精甚真，其中有信。自古及今，其名不去，以阅众甫⑤。吾何以知众甫之状哉？以此。

**【注释】**

①孔：大，甚。河上公注："孔，大也。"容：容止、状貌，或容纳。　②惟：或释为"又"。恍、惚：不清晰，不分明。　③窈（yǎo）、冥：幽深。　④精：精气，精神。　⑤阅：观察。众甫：众物的开始。甫，开始、肇始。甫，或作"父"。

**【译文】**

大德的容止，只顺从道。道这个东西，是恍恍惚惚的。惚惚恍恍啊，其中有它的迹象！恍恍惚惚啊，其中有它的实物！深远昏暗啊，其中有它的精气！那精气是很真实的，真实中有它的信验。从古到今，道的名称没有除去，凭借道来观察认识万物的开始。我凭什么知道万物开始的情形呢？就是凭着这个"道"。

**【解析】**

本章河上公本称为"虚心第二十一"，成玄英称"孔德章"。帛书甲本有残缺，乙本全，竹简本无此章。

老子曾反复论"道"，此为论道的又一章，哲学家陈荣捷曾赞为"就哲学而言，本章是全书里面最重要的一章"。老子论道，又旨在诲人，正因大道玄妙精真，且信实信验，又能"以阅众甫"，所以大德之人，应当惟德是从。

先论大德与道。道是本原、本体，道先于大于德，德是得其部分，即使是"孔德"也是如此。道之为物，此为道体；而道体的存在，却是恍惚的。道怎样生成万物，亦是恍恍惚惚的。尽管道体的存在是恍惚的，但是其中有物有象。若再追溯至于窈冥深幽，那么连依稀可见都已不能了，然而却有道之真精在、信验在。

"道名不去，以阅众甫。"自古至今，道常存在，虽勉强立"道"为名，但它永远不被废除，可以用道来观察万物的开始。以无名说万物始也，因为"无名"即是"其名"。我们凭什么知道万物开始的情状的呢？就是凭上面阐述的道。

本章对中国哲学的"精""精气"说影响甚大。老子之说

"精""气""神"等都对后世的理念不无启迪、渗透之功。譬如《老子》以及《庄子》所论的"精、气、神",对道教影响深远。

"精、气、神",道教还作为内丹修炼药物。从内丹来说,就是由外而转向内,以人体某些部位为修炼的"炉鼎",以人体内的"精、气"为"药物",用"神"去烧炼,使得"精、气、神"凝结成"圣胎",也就是"内丹"。内丹的修炼,是按照造化之道而逆行:首先由"万"而至于"三",万物合为"三",即是精、气、神;其次由"三"而至于"二",即是将精、气、神之"三"化为铅汞或坎、离大药之"二";最后是由"二"而至于"一",即是由"二"而复归为"金丹"之"一"。

# 二十二章

曲则全，枉则直[1]，洼则盈[2]，敝则新[3]，少则得，多则惑。是以圣人抱一[4]，为天下式[5]。不自见，故明[6]。不自是，故彰[7]。不自伐，故有功[8]。不自矜，故长[9]。夫唯不争，故天下莫能与之争。古之所谓曲则全者，岂虚言哉？诚全而归之[10]。

**【注释】**

①枉：弯曲。 ②洼：低凹。 ③敝：破旧。④一：指道。⑤式：榜样，法式。《说文》："式，法也。" ⑥见（xiàn）：现，显现。 ⑦彰：彰显。 ⑧伐：夸耀。 ⑨矜：骄傲，自负。 ⑩诚：确实，实在。《说文》："诚，信也。"

**【译文】**

委曲则能保全，弯曲则能伸直，低洼则能满盈，破旧则能变新，少了则能得到，多了则会困惑。因此圣人抱守住"道"，作为天下的法式。不自我逞能，所以反而显明。不自以为是，所以反而彰显。不自我夸功，所以反而有功。不自我骄矜，所以反而长久。正因为不争，所以天下没有能与他相争的。古代所谓弯曲则能保全的话，难道是空话吗？确实是能保全而回归此结果的。

【解析】

本章河上公本称为"益谦第二十二"，成玄英称"曲则章"。帛书甲本稍残，乙本全。竹简本无此章。

人性中有许多的弱点、过多的执迷、太多的蒙蔽，老子于本章卓越洞察，指点迷津。

"六则"智慧，"曲则全"为主旨。老子智慧是先"曲"而后"全"，能"曲"才能"全"。处世处事，人若自用则不能容物，死用则不能顺物，唯其活用则能委曲求全。中国传统文化强调"曲"的智慧。如《周易·系辞上》："曲成万物而不遗。"谚语有"能屈能伸大丈夫"。后从老子的"曲则全"里又化出"曲全"一词。解读"曲则全"，审美内涵丰厚：线条讲究曲线美，游山赏景有曲径通幽之美，黄河之美在于九曲之弯折回旋，等等。

"枉则直"，常用为先屈后伸的比喻。

"洼则盈"，低洼而至于坑、河、江、渊、潭、湖、泊、大海皆是"洼则盈"。人事亦如此，如果永远虚怀若谷，那就一如江河大海之盈。

"敝则新"，既已破旧，新的就会产生出来。"天下大乱，达到天下大治"，此由大乱之"敝"，终至于大治之"新"。"野火烧不尽，春风吹又生""革故鼎新"等多有此智慧启迪。

"少则得"，"多则惑"，少了会得到，多了会迷惑。如谚语"贪多嚼不烂"；再如"歧路亡羊"的典故，正因歧路太多，不知道羊往哪里去了，此多则惑矣！

"抱一"与"五不"智慧："少则得"，若至于极，便是圣人那种得道之"抱一"，从而能成为天下的法式。不"自见"，然后"曲"而"明"；不自以为是，反而能彰显，不"自是"，然后"曲"而"彰"；不自己夸耀功劳，反而显出有功劳；不自我骄矜，反而能长久；正因为不争夺，天下又谁能与之争？老子明察世人心态，上述道理人们多有不信的，所以设问自答，明示古之遗训"曲则全"绝非空说空谈，若能遵行，虽"曲"则必归于"全"。

# 二十三章

希言自然①。故飘风不终朝②,骤雨不终日③。孰为此者?天地。天地尚不能久,而况于人乎?故从事于道者,道者同于道,德者同于德,失者同于失。同于道者,道亦乐得之;同于德者,德亦乐得之;同于失者,失亦乐得之。信不足焉,有不信焉。

**【注释】**

①希:少,稀少。自然:天然,不借人为。　②飘风:暴风,旋风。朝:早晨。　③骤雨:暴雨。

**【译文】**

少言说是合乎自然的。所以旋风刮不了一个早晨,暴雨下不了一个整天。谁造成了这种情况?是天地。天地尚且不能使得它们长久,何况是人呢?所以从事于道的,有道的就同于道,有德的就同于德,丧失道德的就同于丧失。同于道的,道亦乐意得到他；同于德的，德亦乐意得到他；同于丧失道德的，丧失亦乐意得到他。诚信有不足的，也就有不信任他的。

## 【解析】

本章河上公本称为"虚无第二十三"，成玄英称"希言章"。帛书甲本有残缺，乙本全。竹简本无此章。

本章中老子主张治政要少施声教政令，而合乎自然而然，像那种"飘风""骤雨"式的施政是不能长久的。

"希言自然"，天地无言、大道无言都是顺合自然而然的，君王治理不多发政令，不行此等"有为"，是合乎自然的；无言之"言"，无闻之"希言"，才是合于道、自然的至妙、至要之言。

天地既造成了"飘风"和"骤雨"，又使得它们"不终朝"和"不终日"。这就是天地之间存有"道"的法则。由此推及人间，暴君之"暴"，昏君之"疾"，苛政之"苛"，税赋之"繁"，徭役之"骤"，以及君王之"有为"、声教之"多言"等均类之而不能长久。"飘风""骤雨"的天象，在此升华为哲学意象。其内涵丰富：一是说明物极必反，可明有往必复的哲理；二是揭示越暴疾而起的，其败也速疾；三是由天象而至于人世，人不顺应自然，不能清静无为，则一似暴风骤雨不能长久。

"六同"转入人世的反思。前"三同"如严复《老子评语》："道者同道，德者同德，失者同失，皆主客观之同物相感者。"后

"三同"，"道"被拟人化了，乐意帮助得道之人。"德"也被拟人化，乐意帮助有德之人。同一于失道、失德的，也乐意助他失道、失德。成语有"同恶相济""同恶相救""同恶相求""同恶相助"，都是说恶与恶乐意勾结作恶。于此"三乐得"，人们若从事于道、德，那么道、德就会乐意和他在一起；如果从事于失道、失德，那么他也必与失败、丧失同在。同理，如果上面的统治者对下面信用不足，下面对上面也就会不信任，这也回应了上文的"失者同于失"。

本章文句错综，见诸各本差异颇多，足见《老子》流传中加工润色的复杂性。本文的翻译与解读依据王弼本。

# 二十四章

企者不立①，跨者不行，自见者不明，自是者不彰，自伐者无功，自矜者不长。其在道也，曰余食赘行②，物或恶之③，故有道者不处④。

**【注释】**

①企：同"跂"，踮起脚跟。《说文》："企，举踵也。"②赘：疣赘，赘瘤。指累赘，多余。行：通"形"。 ③物：此指人，人们。或：解释为则、有（《广雅·释诂》）、常常（《老子词典》）。 ④不处：不用、不依靠。

**【译文】**

踮起脚跟站立不稳；跨着大步不能远行；自我逞能，反而不能显明；自以为是，反而不能彰显；自我夸功，反而变得无功；自我矜持，反而不能长久。这些由道看来，就称为吃剩的饮食、累赘的瘤子，人们厌恶它们，所以有道的人不这样做。

**【解析】**

本章河上公本称为"苦恩第二十四",成玄英称"跂者章"。帛书甲本稍残,乙本全。竹简本无此章。帛书本次第不同,将此章置于"孔德章"之后、"曲则章"之前。

老子讲述了人生处事中应该警戒的地方。有意思的是,本章是对二十二章之所述再从反面来剖视,反明二十二章之意。由此可以体会《老子》中常用的循环往复、反复阐说的路径。

本章开篇便是连绵而出,提出五"不"一"无"的智慧,有力地矫正世俗,反拨根深蒂固的错误理念。告诫世人:自知克己,修己慎行;澹宕有致,无怠无荒;气专默寂,游心晏如;穷则不怨恨,显则不矜泰。人能执此冲虚之道,则能得到长久的安宁与平静。

"自见者不明"以下四则,均与二十二章互为正反彰显,构成非常有意趣的组合。二十二章中每则是由反而正,本章每则由正而反;再如二十二章四则为正,本章是对它的正之反。其目的就在于一正一反,正反相合,反正互显,其义互见。二十二章讲有道者所得,这里讲无道者所失。如此行文之曲而转、用心之曲而长,也可体味老子"曲则全"的意蕴了。

老子审丑之喻极警醒世人。面对剩饭残羹,当然皆知"斯恶矣",这是审丑。人的五官端正,很自然,这是审美。相反,若是长出了赘疣,失去了自然,则令人生厌,这是审丑。"余食"与"赘行",被人厌恶,这是生活中常见的大众现象与心理,但是经过老子审丑的点化,转化为"其在道也"视角下的观照,则成为一种哲学的思考。老子具有视明四方之目,听达四方之聪,往往把生活中的细枝末节转化为哲学的道理。真是何时、何处、何物无不有道;而寻道、悟道、得道,深契其道,全在乎各人的慧眼慧心了。

# 二十五章

有物混成，先天地生。寂兮寥兮①，独立不改，周行而不殆②，可以为天下母。吾不知其名，字之曰道③，强为之名曰大。大曰逝④，逝曰远，远曰反。故道大，天大，地大，王亦大⑤。域中有四大，而王居其一焉⑥。人法地，地法天，天法道，道法自然。

**【注释】**

①寂：无声。寥（liáo）：空虚。《韵略》："寂寞，无声也。寂寥，空也。" ②周行：周遍之行，循环运行。不殆：不疲惫、不松懈。 ③字：取字。 ④曰：而，则。或说即称为，叫作。以下三"曰"同此义。逝：往，行，前往。《说文》："逝，往。"《广雅·释诂》："逝，行也。" ⑤王亦大：或作"人亦大"。 ⑥而王居其一焉：或作"而人居其一焉"。

**【译文】**

有物混然而成，在有天地以前就诞生了。无声息又无形体，独立存在且永不改变，循环运行且永不疲怠松懈，可以成为天地万物的母体。我不知道它的名字，给它取个字叫"道"，再勉强给它取名叫"大"。它无限广大而且运行不止，运行不止而且流转遥远，流转遥远而且能返归本源。所以道是大的，天是大的，地是大的，王（人）也是大的。宇宙中四"大"，而王（人）是其中之一。人效法地，地效法天，天效法道，道效法自然。

**【解析】**

本章河上公本称为"象元第二十五"，成玄英称"有物章"。帛书甲本残缺，乙本全。竹简本有此章。

本章中老子论道，从不可言说而至于妙说，选择不同视角诠释并提出著名的"道法自然"之说。

道为天下母，周行不殆。"有物混成，先天地生。"先说道是物，再说此物的结构是"混成"的，又说此物产生先于天地。然后进一步描述道，道虽是物，但无形体，又无声音。道是绝对的独立存在，无所依傍的。道是不会改变的，永远如此。道是"周行"的，即作周遍之行，循环运行，无所滞碍，无所不至。道的运行永不疲怠松懈。道能生天地，所以为天地之母，又为天下万物之母。

道之动律：大—逝—远—反。其一，大道因其大则运行不息，就像大水涌动流逝。其二，大道运行不息则无远不至。其三，大道运行无远不至，而又会返回。虽解读各有所见，而要旨大抵是大道运行越来越多元复杂，一切又都必默默地返回、趋归于道的本源。得道则生，因此必定要返回于道，若反其道而行之，则不返而必灭亡。

道大、天大、地大、王（人）大为"四大"。法地、法天、法道、法自然为"四法"。不法地，破坏大地生态，则代价惨重。不法天地，那就是"天崩地裂"。"天法道"，上天又得效法道的"无为而无不为"，这才能够周全地覆盖大地。"道法自然"，则道所效法的是自然，就是天然本然的，不借人为的。当然，此"四法"不当死读，而当圆解。人法地，但也法天、法道、法自然；其他亦然如此。再如人从近处取法，也从终极取法；从近处取法，则为所载所覆之地与天，从终极取法，则为道，为自然。若从今日观之，小至于仿生学，大至于探索人道、天道、万物之道，无不辗转从天地之间取法效法得之。从哲学史来看，本章的"道法自然"，揭示出道以自然为法则，是对道的性质的概括，是中国哲学史上的重要命题。

# 二十六章

重为轻根，静为躁君①。是以圣人终日行，不离辎重②。虽有荣观③，燕处超然④。奈何万乘之主⑤，而以身轻天下？轻则失本，躁则失君。

**【注释】**

①躁：即趮。《说文》："趮，疾也。"此即为躁动。君：主宰，主宰者。　②辎重：外出时携载的物资。　③荣观：荣华的宫阙、楼观。或说荣华与游观。　④燕处：安居。燕，安，也作"宴"。　⑤奈何：怎么，为什么。万乘之主：大国的君主。

**【译文】**

重是轻的根本，静是躁的主宰。因此圣人整日行走，而不离开辎重车。虽有荣华显赫的生活，却也安然居处，超然物外。大国的君主怎么能以自身的轻举妄动来君临天下呢？轻则失去了根本，躁则失去了主宰。

**【解析】**

本章河上公本称为"重德第二十六",成玄英称"重为章"。帛书甲本稍残,乙本全。竹简本无此章。

老子在本章中讲述了"重"与"轻"、"静"与"躁"的辩证法,指出处世处事若失重、失静,则不得主宰,并予万乘之主以针砭。

说辩证法:重与轻,静与躁。或可从大树感悟:花叶轻于树枝,分枝轻于树干,树干轻于树根,皆轻者依附重者,重者是轻者之本,故可明"重为轻根"。微风叶动,树枝不动;大风叶动枝动,树干不动;狂风卷来则叶动、枝动、树干动,但树根不动,或可悟"静为躁君"。成语"舍本求末""去末归本""以静制动"等,蕴含的都是这一哲理。

说正面典型:不离辎重,燕处超然。圣人虽整日行而"动",但不离开"重"与"静",即是辎重之车。"辎重"车在战争中看似笨重"无为",不像战车冲杀敌军,但却是保障战车与武器供给的"无为而无不为"。"辎重"暗合了"道",故"圣人终日行,不离辎重"。"辎重"是老子用来拟喻圣人决不能离开、轻视、疏忽的根本大道。此车"重"且"静",却能成为军队里其他车和人的"根"和"君"。即使有荣华显赫的生活,也要安然居处,不为外物所动。

说反面典型:深长喟叹,奈何反诘。"万乘之主",指大国的君王,其重而贵,本该遵道而行,如果反其道而行,在日常出行、居处、治理上的不重、不慎、不静、不清，而将自身轻贱于天下。

针对那些王畿千里者，老子发出"奈何"的感叹。既已明轻、躁为下，重、静为上，故老子再次告诫失本、失君之后果。若就君王言，即是既丧身又亡国了。

# 二十七章

善行无辙迹①，善言无瑕谪②，善数不用筹策③，善闭无关楗而不可开④，善结无绳约而不可解⑤。是以圣人常善救人，故无弃人；常善救物，故无弃物。是谓袭明⑥。故善人者，不善人之师；不善人者，善人之资⑦。不贵其师，不爱其资，虽智大迷，是谓要妙⑧。

**【注释】**

①辙：车轮碾过的痕迹。　②瑕谪（zhé）：过失、毛病。
③筹策：筹码，古代计数工具。　④关楗：闭门的横木，或加锁的木闩。　⑤绳约：绳索。约，绳子。　⑥袭明：双重的明智，或说含藏着了解道的明智。　⑦资：凭借、借鉴。　⑧要妙：精要玄妙，幽深微妙。

**【译文】**

善于行动的，不留车行踪迹。善于说话的，没有瑕疵。善于计算的，不用筹码。善于关闭的，不用闩子，别人却打不开。善于捆结的，不用绳索，别人却解不开。因此圣人经常善于挽救人，所以没有被废弃的人；经常善于挽救物，所以没有被废弃的物。这称为双重的明智。所以善人是不善人的老师，不善人是善人的借鉴。不尊重他的老师，不爱惜他的借鉴，虽然自以为明智，却是大迷惑。这个道理就称为精要玄妙。

【解析】

本章河上公本称为"巧用第二十七"，成玄英称"善行章"。帛书甲乙本均有此章，均稍残缺。竹简本无此章。

本章中老子提出人生当遵行的种种"善"，要善行、善言、善数、善闭、善结、善救人、善救物，并指出"善人"与"不善人"之间的辩证关系。

"五善"之说：行、言、数、闭、结。善于行动的没有车辙踪迹，泛指行动没留下踪迹，不被人察觉。善于说话，就像玉中没有疵斑，不出差错，不被指摘，更不招来口舌之祸。大道无言，天地不语，此或可启迪。善于计数的不用筹策，比如善数者心算，谚语"心中有数"。有的是用筹策算不出来的，如大道于人生事业的价值等。孙子兵法中"庙算""胜算"，就在于"运用之妙，存乎一心"！善于关闭门户的，不用门闩别人却打不开。成玄英注："外无可欲之境，内无能欲之心，恣根起用，用而无染，斯则不闭而闭，虽闭不闭，无劳关楗，故不可开也。"高亨说："以道自守，坚不可破。"善于捆结的，不用绳索别人却解不开。成玄英注："誓心坚固，结契无爽，既非世之绳索约束，故不可解也。"王弼总括说："此五者，皆言不造不施，因物之性，不以形制物也。"这也就是处于"无为"之中，然而最后能达到"无不为"的境界。

常善救人，常善救物，圣人常具"二善"之"袭明"，所以不抛弃任何人与物。这是真正救万物，而不是救了此物弃了彼物，否则不谓善，更不属"常善"。

最后指出精要玄妙之道，"袭明"之人，是"不善人"的导师。不善人是善人取用的借鉴。若不贵重他的导师，不关爱他所借鉴的，即使有智却也是大迷惑，这个道理称为"要妙"。

# 二十八章

知其雄，守其雌，为天下溪①。为天下溪，常德不离，复归于婴儿。知其白，守其黑，为天下式。为天下式，常德不忒②，复归于无极。知其荣，守其辱，为天下谷。为天下谷，常德乃足，复归于朴。朴散则为器，圣人用之则为官长③。故大制不割④。

**【注释】**

①溪：山涧流水。　②忒（tè）：差错。　③官长：即长官，古代行政单位的主管官吏。　④大制：因顺自然，用大道管制、治理其国。割：损害，或说分割。

**【译文】**

知道雄强，守住雌柔，成为天下的川溪。成为天下的川溪，真常之德就不会离去，复归到婴儿的状态。知道明亮，守住暗昧，成为天下法式。成为天下法式，真常之德就不会有差错，复归到无极。知道荣耀，守住屈辱，成为天下的山谷。成为天下的山谷，真常之德就充足，复归到真朴。真朴散离，则成为器物；圣人用之，则成为官长。所以用大道来治理天下，不会有伤害。

**【解析】**

本章河上公本称为"反朴第二十八"，成玄英称"知雄章"。帛书甲乙本均残缺。竹简本无此章。

本章中老子提出了处世之道的"三知""三守""三为""三复归"的理念。人生与治政，均当在"雌""黑""辱"上悟道，再复归于婴儿、朴、无极之"道"。

老子进行深刻的哲学反思，发现人们迷惑、迷茫的误区，即是崇雄鄙雌，且执迷不悟，因此他拨乱反正，告诫要归守雌德，复返于正道。"守雌"，即守其弱、守其柔、守其置后地位、守其静、守其下、守其让。老子认为"知雄守雌"是正道！能守雌，便是另一番天地。"守其雌"，就要像"为天下溪"一样，处卑、处下，却可成为水流所归趋的地方。"天下溪"之喻虽能明理，但毕竟是物，故再用婴儿来拟喻。真常的不易之德永不离去，这就可以回归到婴儿的存在状态了。婴儿的存在状态，就是一切天真、真常、朴质、自然，生命之元气饱满。

真常之德的哲思与妙悟。虽自己晓明，却要守住愚暗，不显露而养拙，成为天下人修学的法则。这样真常之德就不会有差错，就复归于道了。人皆知"荣"，羡慕荣华富贵，却不知"守辱"。老子告诫如果不知道守"辱"，则可能瞬间转换为对立面。要守住"辱"，就得像天下的山谷，处于卑下的地位，下而能容，虚而能纳。前文说溪，此处说谷，一溪一谷，均是老子论道谈德的审美意象，均指能处下，能寂静，能不争，能虚空，能不求他物并能接纳他物。"朴"是指未加工的木材。木材经过加工分解，就能做成各种器物。老子用朴来喻指道，"器"代指万物。大道的分散、分释、分生，则生成为万物，圣人因此而设立官长来管理。官长既已确立了，就得因顺着道来治理天下，使得民众复归于一，即复归于道。"大制"就是用"大道"来制御。老子所推崇的大道便是无为而治，即无为而无不为，这样就不会损害天下之人与物了。

"朴散则为器"，老子最早提出了中国哲学史上"道""器"这一对重要范畴。"道"是无形的法则或规律，"器"是有形的事物或名物制度。这里也认为道在器物之前。宋代开始对"道""器"关系展开论辩，其蕴涵丰富且遗响绵延至后世。

本章修辞极精彩，多次排比、蝉联，能变而不变，能化而不化，极其工巧。

# 二十九章

将欲取天下而为之，吾见其不得已。天下神器①，不可为也。为者败之，执者失之。故物或行或随，或嘘或吹②，或强或羸③，或挫或隳④。是以圣人去甚⑤，去奢，去泰⑥。

**【注释】**

①神器：神圣的东西。或说指帝位、政权。　②嘘：呼气。或说嘘气温，喻富贵；吹气寒，喻贫贱。或说出气急曰吹，缓曰嘘。　③羸（léi）：弱。　④挫：挫折。或作"培"，增益，有成。隳（huī）：毁坏。　⑤甚：指异常的安乐。　⑥泰：过分，指放纵。

**【译文】**

想要治理天下而采用有为的做法，我见他不能得到成功了。天下是神圣的器物，不可以有为的。有为者会败毁，执持者会丧失。所以万物，有的前行，有的后随；有的如呼气而温，有的如吹气而寒；有的刚强，有的羸弱；有的成功，有的毁坏。因此圣人要除去淫乐，除去奢靡，除去放纵。

**【解析】**

本章河上公本称为"无为第二十九"，成玄英称"将欲章"。帛书甲乙本均有此章，均残缺。竹简本无此章。

本章中老子阐说了治国、治身、利物的道与术，并剖视八种现象，明示途径，施行"三去"。文中警句迭出，哲理深邃，开启了古人之性灵，亦灌溉了今人之心智。

本章开篇即是对治理天下的告诫，因为天下属神圣的东西，不可以有为的，有为者会败坏，执持者会丧失。反之，则是遵道而行，无为而无不为。"天下"一词，在《老子》文中泛指全国范围，可指天下的人，也可指国家政权，全书出现竟达六十多次，可见老子气度不凡，胸有"天下"，心为"天下"谋，身为"天下"之导师！

天下之万物，人性、物性各不相同，人事繁杂、情性复杂，这就是为什么要因而顺之，因而不为，顺而不施。老子分析了四组八种相反相对、相辅相变的情况，揭示事物之矛盾转化。成玄英认为："举此八法不定，以表万物无常。故治国治身者，不可以有为封执而取之也。"因此下文便要圣人来个"三去"，能舍弃而远离彼"三者"，方谓妙矣。

　　"是以圣人去甚,去奢,去泰。"关于"甚"字,钱钟书自有妙论:朱骏声《说文通训定声》说之曰:"'甘'者饮食,'匹'者男女,人之大欲存焉,故训安乐之尤。"吾国古文字之有"甚",兼"甘"与"匹",亦犹吾国旧小说角色之有猪八戒,兼有封豕与艾豭,以一当两也。(《管锥编》)封豕,指大猪,比喻贪暴;艾豭,指老公猪。这就是指猪八戒的两大贪欲:一是食欲之贪,食肠如壑;一是色欲之贪,色胆如天。如此说来,"甚"包含食与色,亦即饮食男女之安乐。此章影响深远。成语"去甚去泰""去泰去甚"即出于此,意指处世做事不能太过分、太放纵。

# 三十章

以道佐人主者，不以兵强天下，其事好还①。师之所处，荆棘生焉。大军之后，必有凶年②。善有果而已③，不敢以取强。果而勿矜④，果而勿伐⑤，果而勿骄，果而不得已⑥，果而勿强。物壮则老，是谓不道，不道早已⑦。

**【注释】**

①好：此指容易。还（huán）：回报，报复。 ②凶年：灾荒之年。 ③果：成效，战果，指胜利。《尔雅·释诂》："果，胜也。" ④矜：自满，骄傲。 ⑤伐：夸耀。 ⑥不得已：无可奈何。 ⑦已：终止，灭亡。

**【译文】**

用道来辅佐人主的人，不用兵力逞强于天下，用兵最容易受到报复。军队驻扎过的地方，荆棘丛生。大战之后，必有凶荒的年岁。善于用兵的人，战胜便罢休了，不敢用兵逞强。胜利了不要自满，胜利了不要夸耀，胜利了不要骄傲，胜利了是出于不得已，胜利了不要逞强。事物壮大就要衰老，这叫作不合道，不合道的就会过早灭亡。

**【解析】**

本章河上公本称为"俭武第三十"，成玄英称"以道章"。帛书甲乙本均有此章，均稍残缺。竹简本有此章。

老子善谈兵，本章所谈兼及用兵之道、战争与治国的关系，以及战胜后的心态与处置智慧。

不以兵强天下，这是老子的一个杰出治国理念。要用道来辅佐人主，而不是用兵去争强于天下。孟子也有说："君不乡（向）道，不志于仁，而求为之强战，是辅桀也。"（《孟子·告子下》）如果是用兵，兵强天下，"其事"是"好还"的，即容易遭到报复、报应。后来形成深含哲理的成语"天道好还"，意思是天道循环，报应不爽，善有善报，恶有恶报。

战争"六果"之说。老子讲述战则应有"果"，即战果，成效，然而又当智慧地采用六种做法，以此校正并补救战争的负面效应。首先，善用兵者取有济难之战果而已，不敢再以此逞强于天下。其余"果而勿矜、勿伐、勿骄、不得已、勿强"之"五果"说均深具警诫之义。《老子》用"果"字六次，均出现在本章。全书用"胜"字十多次，然而为什么这里不用"胜"？严复《老子评语》：

"不云胜而云果，有道之师胜乃有果，不道者无果也。"

最后"物壮则老"之物极必反的智慧再返照全文。"物"，既指有生命的动物和人，也指无生命的事物，若国家、军队、团体等等均属之。物强壮了就会衰老，这称为不合乎道，不合乎道就会早亡。这是从"物壮"走向了反面。老子曾曰："保此道者不欲盈。"（十五章）"壮"即是"盈"。正反两面观照，则更知"道"与"非道"之异，也更知老子谆谆诲人祛邪返正之用心。

# 三十一章

夫佳兵者①，不祥之器，物或恶之②，故有道者不处。君子居则贵左，用兵则贵右③。兵者，不祥之器，非君子之器。不得已而用之，恬淡为上，胜而不美；而美之者，是乐杀人。夫乐杀人者，则不可以得志于天下矣④。吉事尚左，凶事尚右。偏将军居左⑤，上将军居右⑥，言以丧礼处之。杀人之众，以哀悲泣之⑦。战胜，以丧礼处之。

**【注释】**

①佳兵：见诸王弼本、河上公本。傅奕本作"美兵"。"佳"，或说当为"隹"。帛书甲乙本均无"佳"字。　②物：指人。或：则；或说常常。　③左、右：或说古人以阴阳比附左右，以左为阳，以右为阴。阳生而阴杀。故凶丧、战争之事情则以右为贵，以右为上。　④得志：实现心志、愿望。　⑤偏将军：副将军，军队的副帅。　⑥上将军：军队主帅。　⑦泣：一说哭泣；或说读为"涖"，与"莅""蒞"同，是面临、面对的意思。

**【译文】**

精良的武器与军队是不祥的器物，人们厌恶它，所以有道的人不依靠它。君子平时以左边为贵，用兵时以右边为贵。兵器是不祥瑞的东西，不是君子所需要的东西。不得已而动用它，应该以恬淡的态度来对待它为最好，战争胜利了不要自美，自美战争就是喜欢杀人。以杀人为乐，就不可以得志于天下了。吉庆的事以左边为上，凶丧的事以右边为上。副将军居于左边，上将军居于右边，这是说战争是用丧礼来处置的。杀人众多，就以哀伤悲痛的心情去面对。战胜了，就用丧礼去处置。

**【解析】**

本章河上公称为"偃武第三十一"，成玄英称"佳兵章"。帛书甲本仅缺一字，乙本残缺。竹简本有此章，然缺字。

本章老子继续谈兵，认为"佳兵"是"不祥之器"，迫不得已时才用之，而且还要能战而胜之，而后一切恬淡处之，胜而不美，且以哀悲泣之，以丧礼处之。

老子反战，因此说佳兵是不祥的东西。"佳兵"指先进、锐利的兵器，也可指勇猛善战的军队。之所以是"不祥之器"，非君子之器，因为佳兵杀人伤人也必定越多。老子时代以兵强、器锐、马壮、战车多、骁勇善战为审美，为国力强盛之标准。老子做出对世俗的反拨，但数千年来此言还是被置若罔闻。若以老子此言去反省历史事实，再从历史去反思老子，在双向的反省与反思里必定所悟良多。

若比较贵左与贵右，那么君子平时居住就以左为尊贵，用兵时候就以右为尊贵。老子属于楚人，因此平时与战时的尚左、尚右是根据楚国的习惯。据崔东壁考证：隋唐以来，世皆以左为上。考《春秋传》，诸侯之国皆尚右，以右为上，惟楚人尚左（《丰镐考信别录》）。朱谦之注："《左传》桓八年'楚人尚左'，与《老子》'君子居则贵左''吉事尚左'之俗相合。"（《老子校释》）

老子告诫：兵者之器不吉祥，不仅"有道者不处"，作为君子，即统治者与贵族亦当不处，不是该有之器。当然，老子决不会傻到绝对地排斥兵器与战争，因此说在迫不得已的时候，比如自卫、反击战时还是要用的。然而，要崇尚淡然的用兵心态，不以屠城灭族、血流漂杵为赞颂。"乐杀人"的后果与结局是，最终不能实现统治天下的心志愿望。杀人多了，不是欢乐，而是用悲哀之心情来为之哭泣，用丧礼来处置，凸现老子的反战以及为战争中被杀者的哀怜、同情与痛惜，将深厚的人道主义贯彻战争的始终。

# 三十二章

道常无名①。朴虽小，天下莫能臣也②。侯王若能守之③，万物将自宾④。天地相合，以降甘露，民莫之令而自均。始制有名，名亦既有，夫亦将知止⑤，知止可以不殆。譬道之在天下，犹川谷之于江海。

## 【注释】

①常：本来，恒常，永远。　②臣：臣服，降服，役使。　③侯王：泛指诸侯国之国君。　④宾：服从，归顺。《尔雅·释诂》："宾，服也。"　⑤将：将会，或说应当。

## 【译文】

道本是没有名称的。道自然朴质，虽然微小（不见形体），天下却没有能够臣服它的。侯王如果能遵守它，万物就自我归顺。天地阴阳之气相和合，就降下甘露，民众没有命令它，却自然均匀分布。开始创制名分，名分既然有了，也就应该知道适可而止；适可而止可以没有危险。譬如道在天下，就像川谷的流水归趋于江海。

【解析】

本章河上公称为"圣德第三十二"，成玄英称"道常章"。帛书甲乙本有此章，均残缺。竹简本有此章。

本章老子再论道，说"常""无名"，并用朴、甘露、川谷与江海之意象娓娓论道。

"道常无名。朴虽小，天下莫能臣也。"这里指出道本来就是无名称的，且无名更能反映"道"的性质。"朴"，喻指道，因原木质朴、朴实，道亦是浑朴、纯朴的，其物性与道相契；当然此两者是比喻关系，而不是等同。老子再讲"朴"之性，朴虽是微妙之小，但是天下没有什么能逼迫而使它臣服。假若侯王能修道抱朴守真，殊方异域，便纷纷归趋，宾服而化。

"天地相合，以降甘露，民莫之令而自均。"又以"甘露"的意象思维来作天地守道则万物宾服的例证。天地之德相配合、阴阳之序相应合，那么甘露降临。虽然没有人命令天这样做，但是甘露自己均匀地遍地而降。"甘露"，是甘美的露水，是太平的祥瑞之征。民众没有去命令上天，而甘露自降，那么如果君王得道而不强施命令于民众，民众也就会自均自安。

"始制有名，名亦既有，夫亦将知止，知止可以不殆。"道生成万物，于是开始制立名分。社会上的名分、地位、贵贱、尊卑等都是后来制定出来的，这是人类社会发展的必然需要。然而世人不可斤斤计较于名分，而当适可而止，不忘抱朴守道。过度的追逐是危险的，因逐末而忘本，故必当知止。

"譬道之在天下，犹川谷之于江海。"最后又以川谷与江海为意象，表明大道在天下，不用发号施令，万物归趋大道；江海居处在下，不用召之唤之，众水奔流江海，喻指行道于天下者，能不令而民自均自得。

# 三十三章

> 知人者智，自知者明。胜人者有力，自胜者强。知足者富，强行者有志。不失其所者久，死而不亡者寿。

## 【译文】

知道别人是智慧，知道自己是高明。胜过他人是有力量，战胜自己是强大。知道满足是富有，顽强从事是有志。不丧失根基的能长久，死而不灭亡的是长寿。

## 【解析】

本章河上公称为"辩德第三十三"，成玄英称"知人章"。帛书甲本残缺，乙本全。竹简本无此章。

本章老子教诲"知人"与"自知"，"胜人"与"自胜"，"知足"与"强行"，"不失其所"与"死而不亡"的智慧。这似乎与世俗理念背道而驰，然而正是相反而行，方能获得处世的真谛、人生的正道。

"知人者智，自知者明。"知人知面难知心，欲知心则必具智。"明"是知幽阐微之明,是内在澄澈之本明。这是由"智"上升为"明"的超等境界,超越于一般的智,为之超智。

"胜人者有力,自胜者强。"秦始皇靠人力、兵力、财力、暴力战胜了六国,一时天下已无敌手。然而秦王朝极其短命,是因为其所作所为丧失了民心,终于自己打败了自己,这是自己种毒,天道好还,因果确实存在其中。

"知足者富,强行者有志。"首先需深层理解"富"之内涵。世俗者是以财富数字来计算富裕的程度,因此不断地增殖财富,欲望"金玉满堂"式的豪富。老子的智慧与世俗相反,反对贪欲无厌不止。老子没有说"知穷者富",并非提倡穷困,若此则绝非老子之智了。"强行",就是对所追求的道,身体力行,且顽强践行、勤行,是一种不息的健行。如此强行者,必定是有志者。孔子曰"知其不可为而为之",孟子曰"强恕而行",老子之说可以和孔、孟通观共察,儒道颇多可融贯处,并非冰炭不相容。

"不失其所者久,死而不亡者寿。"不失去道那就能长久。"其所",即指根本上的道。人有出生也必有死亡,然而若能超越肉体的留存,那么身虽死而功业、思想、著述却存而不亡,则是一种真正的长寿。这是因为完成了一种由肉体生命至于精神生命转换的长存,此种长寿能够不朽。

# 三十四章

大道泛兮<sup>①</sup>，其可左右。万物恃之而生而不辞<sup>②</sup>，功成不名有<sup>③</sup>，衣养万物而不为主<sup>④</sup>。常无欲，可名于小；万物归焉而不为主，可名为大。以其终不自为大，故能成其大。

**【注释】**

①泛：水涨满溢。　②恃：依恃，依赖。辞：推辞。　③名：称名，居名。或说衍文，当删。　④衣养：像衣被覆盖那样地护养，犹如"养之覆之"（五十一章）之说。

**【译文】**

大道泛泛，它可左可右。万物依赖它而生长，它也不推辞，功成不称名不居有，大道覆盖生养万物而不为主宰。永远没有私欲，可称为小；万物归附它却不自以为是主宰，可以称为大。因为大道终究不自以为大，所以能够成就它的大。

**【解析】**

本章河上公称为"任成第三十四"，成玄英称"大道章"。帛书甲本残缺，乙本仅缺二字。竹简本无此章。

本章老子论大道周行磅礴，周旋于广阔无垠的时空之中，可左可右，可小可大。道又一无私欲，生养万物，从不推辞。道既不自以为主宰，也不邀名居功，然而却成就其大。

大道周行之玄妙，一似涌流普泛，广遍无垠，周行左右，遍及一切空间，无所不至。此虽仅示"左右"，其实推而广之则还包括上下乃至于整个无垠的空间、无限的时间里。

道为万物所依恃而生，而道也不推辞；在成功之后也不自称其名声，也不占有其功劳。这是因为圣人能明智地认识到，功成是依赖了大道，是万物自己秉持大道而生存化育的结果，所以这一切应当归功于万物之自身，归功于道。这里又深涵辩证法：正因为能够做到这样，也就会成就自己的功劳。

道覆盖护养万物，然而又不为其主。万物归趋道，而道却不自以为是主人、主宰。道永远没有私欲，可以称为小。之所以谓之小：其一，大道对于万物的作用，似乎微小到感觉不到，因此称为小。其二，大道俯就于万物，因此成了不小之小。其三，大道搏之不得，这是从道体来阐微释小。

"以其终不自为大，故能成其大。"既然大道爱物存物，物先我后，人先己后，故能静退自牧，谦虚善柔，忘我忘功。如此则虽然自己忘大，而万物却不忘其功，天下之人愿意归趋于他，且成就他的伟大。此为由反而至于正、由逆而至于顺的"能成其大"的辩证法，而"终"字又点明全过程一以贯之的关键。

# 三十五章

执大象①，天下往。往而不害，安平太②。乐与饵③，过客止。道之出口，淡乎其无味。视之不足见④，听之不足闻，用之不足既⑤。

【注释】

①大象：指大道。　②安：安宁。或说乃、则。《经传释词》："安，犹乃也。"太：泰，通泰。　③饵：美食。　④不足：不可，不能。　⑤既：竭尽。《广雅·释诂》："既，尽也。"

【译文】

执持大道，天下人都来归往。归往而没有伤害，安宁、平和、通泰。音乐与美食，能使路过的客人止步。道讲出口，平淡没有味道。看它不能看见，听它不能听到，用它不能用尽。

【解析】

本章河上公称为"仁德第三十五",成玄英称"大象章"。

本章老子揭明这样一个道理:若能"执大象",遵道而行,那么天下将来归往,臻于"安平太"的境地,而且道的功用是取之不竭、用之不尽的。

"大象"是大道之法象。道既分涵于万物万象之内,又超乎万物万象之外,如此无形无象之"象",方能称为"大象"。然而"大象"本无形可执,亦无物可持,此"执"是指遵循大道。这又是一种不执而执、执而不执的玄妙之执。

当然,"执大道"者,首先是圣人等。唯其能"执大象",便有"天下往"之归趋。天下移心归往"大象",是没有招徕下的自动的、主动的归趋,是真诚向往的归附,不遭遇伤害,而能安宁、平和、通泰。

若比较音乐、饮食的审美与功用,那么音乐虽无形,但是听觉能听之而美;饮食则有形、有色还有味,故味觉尝之而美。因此经过之人,遇到了就会停止下来,欣赏音乐,品尝美味。这些是日常生活中人们都能感知到的审美活动。虽然张乐设饵,能留止过客,但是乐阕饵尽,则过客就会离去。因此"乐"与"饵"之所用是有限的,有尽头的。这是来比较大道,反衬大道。

若比较道的非感官的审美与功用,那么相比音乐和饮食,大道从口中说出来,是淡淡的,是无味的。老子又排比而出:视大道而不能够见到,听大道而不能够闻到,但神奇的是,用大道则永远不会用尽,就是因其无尽藏! 魏源有精警之释:故无味之味,是为至味,终身甘之而不厌;希声之声,是为大音,终身听之而不烦;无象之象,是为大象,终身执以用之而无害。推之蛮貊而可行,放乎四海而皆准。所谓"天下可往"者,此之谓也(《老子本义》)。道无形、无色、无臭、无味,虽不能以此来愉悦人、娱乐人,但是它周行不殆,用之不尽,且无往不成!

# 三十六章

将欲歙之①, 必固张之②; 将欲弱之, 必固强之; 将欲废之, 必固兴之③; 将欲夺之, 必固与之④。是谓微明⑤。柔弱胜刚强。鱼不可脱于渊, 国之利器⑥不可以示人。

**【注释】**

①歙（xī）：收敛，聚合。 ②固：姑且，暂且；或说必定。③兴：或如劳健、高亨等说当为"举"。其实不必改动。 ④与：给予。 ⑤微明：具洞察几微的明智。 ⑥利器：锐利之器、获利之器。如武器、赏罚，以及指圣智仁义利巧等。国之利器，如方略、权势、制度、政令、法律、军队、军备等。

**【译文】**

将要收敛它，必须姑且扩张它；将要削弱它，必须姑且强化它；将要废弃它，必须姑且推举它；将要夺取它，必须姑且给予它。这称为洞察几微的明智。柔弱能战胜刚强。鱼不能脱离深渊的水，国家的锐利之器不可以对民众耀示。

## 【解析】

本章河上公称为"微明第三十六"，成玄英称"将欲歙之章"。帛书甲本仅缺二字，乙本缺一字。竹简本无此章。

老子在本章讲述了事物对立转化的辩证法，这不仅属于思维方法，而且可以施用于实际生活中去。

本章智慧揭示均为相反相对，然而可以转化。若欲达到目的"歙之""弱之""废之""夺之"，高明的运作向度选择，不取一般顺向的运作，而是取反向的"张之""强之""兴之""与之"。然后是以反求正，以反取胜，终臻于预设的目的。

"微明""柔弱胜刚强"，这是对上面的四条法则与智慧作出的一种概括。老子启迪世人洞察道的几微幽眇之理者为明智，且效应显明，此即"微明"。"微明"虽所释不一，然而离不开此要点。关于"微明"，汪奠基认为是属于纯粹哲学思想方法的直观法，有似于庄周所谓"因明"的分析方法。此句既是结上，又是启下，由此再引出三则智慧。"柔弱胜刚强"，这是渗透于四事中的核心道理。世俗要的是刚强，而于此理不明。老子欲逆转此种理念，故一再强调"柔弱胜刚强""弱者道之用"。

"鱼不可以脱于渊。"王夫之点醒说："函道可以自适，抱道可以自存，其如鱼之自遂于渊乎！"（《老子衍》）老子又接着鱼与水之意象说："国之利器不可以示人。"就像大鱼不可脱于深渊一样，国家的锐利之器应该深藏，不应该拿出来显示，这才能长治久安。示人以"国之利器"，那么民众必锻制出反"国之利器"的"利器"；"国之利器"示人越多越利，那么民众回敬的是更多更利的反"国之利器"的"利器"。如此恶性循环不已，则民必难治，而国必危殆。

# 三十七章

道常无为而无不为①。侯王若能守之，万物将自化。化而欲作，吾将镇之以无名之朴②。无名之朴，夫亦将无欲。不欲以静，天下将自定③。

**【注释】**

①帛书本此句均作"道恒无名"，与诸本异。　②镇：镇定，镇伏。朴：指道。　③定：正定。竹简本、河上公本均作"定"；帛书本、傅奕本均作"正"。

**【译文】**

道永远是不妄为的，然而又无所不能作为。诸侯君王如果能遵守它，万物将自然顺化。自然顺化而至于贪欲萌动时，我将用无名的朴质之道来镇定它。用无名的朴质之道来镇定，也就不会有贪欲了。没有贪欲便会宁静，天下也就自然正定。

**【解析】**

本章河上公称为"为政第三十七",成玄英称"道常无为章"。帛书甲本缺数字,乙本不缺。竹简本有此章。

本章老子论述道"无为而无不为"的性质与功效,再述与侯王治国守道的关系。

《老子》全书中"无为"频频出现十多次,而"无为而无不为"仅出现两次。大道永远是自然而然的,并不是有目的、有意识、有纲领、有步骤地去规划设计、践行作为的,所以说常无为。然而大道又生成了天、地、万物、人类,且一切又在化育运作,生生不息,所以说无不为。道常无为,是从道之运行与作用的方式、方法、原则来说的;道常无不为,是从道的运行作用的效应、功效与结果来说的。

然后转而讲述侯王能遵守此道的逻辑结果。世上事物是多变的、进程是曲折的,假若侯王能守住"道常无为而无不为",那么万物将会自我化育,自我化生,自我化成。在种种衍化之中,当私心贪欲萌动时,我将用"无名之朴",也即是以道来镇住它,那么天下自定。此是"守—化—作—镇—静—定"的演进轨迹,富有机趣和智慧。若治国者、管理者能于此全过程成竹在胸,那么不仅处处主动,又自然而然地导引至"天下将自定"的境地。这一进程显示了这样的轨迹:有欲—不知足—无欲—知足—知足之足—常足—天下自定自正。

若反问"吾将镇之以无名之朴",这岂不是一种属于作为的"有为"?其实,老子的"无为"当活观而不能死抠,"无为"并非指什么都不做,而是应该顺其自然地"为",不去做出违背道即规律的乱为,尤其不能胡作非为。因此老子屡屡描述圣人、古之善为道者、善为士者、上士等的言行与形象,这些"无为而无不为"的表率,不正是对世人做出具体导引吗?

# 三十八章

上德不德①，是以有德；下德不失德②，是以无德。上德无为而无以为，下德为之而有以为。上仁为之而无以为③。上义为之而有以为④。上礼为之而莫之应⑤，则攘臂而扔之⑥。故失道而后德，失德而后仁，失仁而后义，失义而后礼。夫礼者，忠信之薄而乱之首；前识者，道之华而愚之始⑦。是以大丈夫处其厚⑧，不居其薄；处其实，不居其华。故去彼取此。

**【注释】**

①上德：至德，盛德。亦指体道、得道者。　②下德：下位之德。亦指未体道者。　③上仁：至高之仁。　④上义：最高之义。　⑤上礼：最高之礼。　⑥攘臂：捋袖伸臂，是振奋或发怒的样子。《广韵》："揎袂出臂曰攘。"扔：引，拉，拽。　⑦华：虚华，浮华。　⑧大丈夫：指怀道、得道之人。

**【译文】**

上德的人不自以为是德，因此真正有德；下德的人想要不失去德，因此反而无德。上德的人无为而治，是任其自然，无意去作为；下德的人是有为而治，去有意作为。上仁的人有作为，而无意去作为。上义的人有作为，而有意去作为。上礼的人去作为，没有人响应，就伸出胳膊强力拉拽他人顺从。所以失去道而后讲德，失去了德而后讲仁，失去了仁而后讲义，失去了义而后讲礼。礼是忠信的浮薄，是带来混乱的祸首。先知觉的人，是道的虚华，是愚蠢的开始。因此大丈夫处于厚道，不居于浮薄；处于朴实，不居于虚华。所以要舍彼而取此。

**【解析】**

传本《道德经》下篇的《德经》是从本章开始的，但是帛书本《德经》在前，《道经》在后，本章便为帛书本的第一章。本章河上公称为"论德第三十八"，成玄英称"上德章"。帛书甲本残缺，乙本缺三字。竹简本无此章。

老子在本章论说了大道的下移、运行、衍化，由道而德，由德而仁，由仁而义，义而礼，逐步地流变、散失，甚至在人世间仅剩下远离了根柢的那些浮华而已，因此老子警示人们应该去彼取此，反归而动，复返大道。

先论"上德"与"下德"。上德是得道之本性的德，是依循道而得来的。上德，本是无心求德，也无心施德，且不自以为是德。正由于如此"不德"，因此才是真正有德。但世人往往一心想要取得这种德的时候，真正的德已经失去了，愿望与结果相反。老子再说"下德"之"德"则是"有为"之德。在一般世俗人看还是很高尚之"德"，在老子立场上看则称为"下德""无德"。

再说"上仁""上义""上礼"。最上位的仁爱是有所作为，是无以私心而为、无以求回报而为的"无以为"。然而这一"无以为"已与上德的"无以为"有了根本的不同了。上德是纯粹的、彻底的"无为"，即根本的逻辑起点与行为方式不同。"上义"去作为，是有心为之，有意为之，如佑助正义者，惩罚非正义者、行恶者，这是有心为之，故是"有以为"了。至于"上礼"，指最高的礼仪，则是强迫他人遵行礼仪。在大道流行的时候，是无需德的，如果一定要说"德"的话，这便可以称为"上德"。大道被废，则需要德来校正社会，这就出现了"下德"。"下德"讲究"仁"，然而却失掉了"仁"，于是便讲究"义"了；再后来又失去了"义"，便讲究"礼"了。礼是为了校正"忠信之薄"才出现的。

本章老子高屋建瓴地向世人揭示了历史发展的逻辑，当与他的柱下史的职位不无联系。另外，这里显示的运思逻辑的智慧也值得涵泳。

# 三十九章

昔之得一者①，天得一以清，地得一以宁，神得一以灵，谷得一以盈，万物得一以生，侯王得一以为天下贞②，其致之③。天无以清将恐裂④，地无以宁将恐发，神无以灵将恐歇，谷无以盈将恐竭，万物无以生将恐灭，侯王无以贵高将恐蹶⑤。故贵以贱为本，高以下为基。是以侯王自谓孤、寡、不谷。此非以贱为本邪？非乎？故致数舆无舆⑥，不欲琭琭如玉⑦，珞珞如石⑧。

**【注释】**

①一：本章指道。　②贞：通"正"，指准则、常法。帛书乙本即作"正"。　③其致之：此句总结上文。如王弼注："各以其一，致此清、宁、灵、盈、生、贞。"致，至于、达到、获致。或说此句总领下文，是"推而言之"的意思；致，指表达的意思，或犹推也。　④无以：不能。　⑤蹶：颠覆，失败。　⑥致：获致。或说即"至"，最高的意思。帛书乙本即作"至"。舆：通"誉"，赞誉。

⑦琭琭(lù)：形容稀少，此处指玉的华美之貌。　⑧珞珞(luò)：此处指石头的坚硬、粗劣之貌。

## 【译文】

往昔得一的，上天得一则清朗，大地得一则安宁，神得一则灵验，川谷得一则盈满，万物得一则生存，侯王得一则能成为天下之正，它们（因得一）能至此。上天不能清朗，则恐怕要崩裂；大地不能安宁，则恐怕要塌陷；神不能应验，则恐怕要歇息；川谷不能充盈，则恐怕要枯竭；万物不能生存，则恐怕要毁灭；侯王不能高贵，则恐怕要被颠覆。所以贵以贱为根本，高以下为基础。因此侯王自称为孤、寡、不谷。这不就是以贱为本吗？难道不是吗？所以获致众多的赞誉，反而没有赞誉。因此不愿光亮华美像美玉，而愿坚硬鄙贱像石头。

## 【解析】

本章河上公称为"法本第三十九"，成玄英称"昔之章"。帛书甲本多缺，乙本缺数字。竹简本无此章。

本章老子揭示了"得一"，即"得道"的重要性。先从正面论说，由天、地、神、谷、万物、侯王六方面逐一说之；又从反面一一道来，然后落实到侯王之治理上，以及明示如何处理贵贱、高下等关系的关键，就在于"得一"。

　　首句论"得一"之道，"得一"是明世的正面之论。老子史官的智慧在这里又得到彰显，从"昔"说起，即是借鉴历史，把远古的"得一者"作为典型。随之列出了一系列美好的意象：天清、地宁、神灵、谷盈、万物生、侯王为天下贞，而这些皆因其能"得一"，即"得道"。

　　"失一"，是警世的反面之论，此即丧失了大道的六种"无以"的情况，从而彰显两面，豁然开朗。无以清、宁、灵、盈、生、贵，接踵而来便是"六将恐"，将恐裂、发、歇、竭、灭、蹶。此因"失道"而恶果满盈，岂不危哉殆哉！

　　本章不仅以古喻今，且又旨在导世。侯王之所以自称"孤""寡""不谷"，就是希望能得到臣民的拥护襄助、做出改正。这就是以贱为本、以下为基的理念。

　　最后"故致数舆无舆，不欲琭琭如玉，珞珞如石"，虽是短短的文句，却解读纷纭。虽各有所见，但大体上就是说，所以获致声誉，反而会没有声誉，因为一旦有得，也必有失。或说最高之美誉，就是无须美誉，没有美誉。其要旨亦相通：一是不追求名誉；二是"数舆"与"无舆"是辩证的；三是在玉与石之间，选择的是珞珞之石，不愿像光亮洁白、高贵华美的美玉，而愿意像粗陋无华、质朴鄙贱的石头。

# 四十章

反者道之动①，弱者道之用。天下万物生于有②，有生于无③。

**【注释】**

①反：相互转化，返回循环。　②有：实有，可以感觉的实物。　③无：虚无，隐伏状态。

**【译文】**

反返是道的运动，柔弱是道的作用。天下万物从"有"中产生，"有"又从"无"中产生。

**【解析】**

本章河上公称为"去用第四十"，成玄英称"反者章"。帛书甲本残缺，乙本缺数字。竹简本有此章。

老子在本章中提出四大命题："反者道之动""弱者道之

用""天下万物生于有""有生于无",这都是老子学说的核心理念,充满了辩证法思想。

道之动律:"反者道之动"。它揭示了道的运动规律是向相反方向运动的。"反",是老子理念中的一个关键词、一个哲学范畴、一种思维智慧。"反"的涵义可概括为:(一)"反",是构成一切事物内涵的运动驱动力。(二)"反",是一切事物所做出的运动趋向。事物总是向相反的方向发展运动。(三)"反"又是一切运动显示出来的循环反复的轨迹,这就是道的运动的真相。道的运动是循环往复,运而不止,动而不已。

道之运用:"弱者道之用"。这是说柔弱是道的作用。道体虽无见、无闻、无可触摸,然而道之用则是虚空却能充盈,柔弱而无不克,无为而无不为。在老子那里,柔与弱是生命力新成与旺盛的象征,而刚强则是生命力已经衰微与没落的象征。前者充满生命的张力,能摧枯拉朽,而后者则是生命危浅,终至被摧枯拉朽。

"有"与"无"的辩证智慧:"天下万物生于有""有生于无"。老子揭示了万物由今及古的溯源式、逆向性生成的演进序列:万物—有—无。老子又曾做出衍生式的顺向生成演进序列,便是"道生一,一生二,二生三,三生万物"。这两种"生"的序列,清晰地诠释了"反者道之动"的深义。这里有对立之反、反复之反、返回之反、循环往复之反。

任继愈曾评论："老子的哲学在先秦哲学中的巨大贡献之一，就是'无与有'一对范畴的初次被认识。老子在他的五千言里反反复复讲明事物中有个别和一般，有本质和现象的区别，现象是个别的，本质是一般的。个别的东西有生灭，本质的东西没有生灭。就这一点来说，就是人类认识史上一大进步。"（《老子今译》）老子的哲学智慧之光从远古穿透至今，依然熠熠生辉！

# 四十一章

上士闻道，勤而行之；中士闻道，若存若亡；下士闻道，大笑之，不笑不足以为道。故建言有之[1]：明道若昧，进道若退，夷道若纇[2]。上德若谷，大白若辱，广德若不足，建德若偷[3]，质真若渝[4]。大方无隅[5]，大器晚成，大音希声，大象无形。道隐无名。夫唯道[6]，善贷且成[7]。

**【注释】**

①建言：古人所立之古语、古谚、古格言。建，立。　②夷：平坦。纇（lèi）：不平。《说文》："纇，丝节也。"丝有了节结，则不光溜平滑，引申为不平的意思。"纇"，河上公本、帛书乙本均作"类"，高亨说："纇"是本字，"类"是借字。　③偷：怠惰，苟且。　④渝（yú）：变污，受侮辱。　⑤隅：角落、棱角。　⑥唯：只有。　⑦贷：施予、给予。

## 【译文】

上等士人听闻到道，就勤勉地实行；中等士人听闻到道，若有若无；下等士人听闻到道，就大笑，不笑就不足以为道。古人立言说：光明的道好像暗昧的，前进的道好像后退的，平坦的道好像不平的。上等的德好像川谷，最大的清白就像受到侮辱，最大的德好像不足，最有建树的德行好像偷懒的，质虽本真好像会变污。最大的方正是没有角的，最大的器物是最晚完成的，最大的声音是稀少的，最大的形象是无形的。道是隐没而没有名称的。只有道是善于施予万物，且成就万物的。

## 【解析】

本章河上公本称为"同异第四十一"，成玄英称"上士章"。帛书甲本只存二字，乙本缺数字。竹简本有此章。

世人"闻道"后的情况是不同的，老子析为上士、中士、下士三个层级，发人深省。本章中又列示十四则自古流传的古训名言，可领悟道之美妙深邃。

"下士闻道，大笑之；不笑不足以为道。"老子用"大笑之"说"下士"，真可谓形象生动，反嘲深刻！咧开嘴巴，哈哈大笑，那种或嘲笑、讥笑、冷笑，或无知无识的漠然而笑，被老子刻画得入木三分。"下士"流俗染习太深，真知被蒙蔽，执迷所谓的经验，而习非成是，视是为非；虽闻至道，而莫名其妙，且因大道与世俗的见识与价值相反，故嘲笑之。然而不被这些人嘲笑，就不足以成为至道了。因而被"下士"反对的，正可以证明是妙道，这是老子纯熟使用的以反求正之术。

"故建言有之"，"建"是立的意思。老子列出一系列古代的名言警句，具有深刻的智慧，应和了老子所说的"执古之道以御今之有"的理念。其中"大器晚成"的名言流传千年，最为普及，深入人心，其义理也最能鞭策人不懈努力切磋琢磨，终成大器。

本章于中国美学影响深远。譬如于大道、大白、大方、大器、大音、大象等审美，特具卓识，启人心智。如"大音希声"，是一种寂静的审美。明代唐顺之曰："静则可以致一而极其精爽之思。"（《赠宜兴令冯少虚序》）"致一"，便是精聚专一，心专神会，而能妙通于神明了。"大音希声"也成为中国美学的一个著名的观点。一切美与艺术既诉诸感性，又超越了感性，欣赏音乐应该超越对声音的直接感知，而至于"大音希声"的境界，即无声胜有声的境界。

# 四十二章

道生一①，一生二②，二生三③，三生万物。万物负阴而抱阳，冲气以为和④。人之所恶，唯孤、寡、不谷⑤，而王公以为称。故物或损之而益，或益之而损。人之所教，我亦教之。强梁者不得其死⑥，吾将以为教父⑦。

**【注释】**

①一：指宇宙的原始状态。　②二：阴阳二气，或说天地。③三：阴气、阳气、和气。　④冲气：阴阳二气相互激荡交汇。⑤不谷：不善。古代君主自称的谦辞。　⑥强梁：强横，强暴。⑦教父：说教的老人、老师。《方言》："凡尊老，南楚谓之父。"或说教条、准则。或说教人的开始，"父"通"甫"，开始。

**【译文】**

道生成"一"，"一"产生天地之二，"二"产生阴气、阳气、和气之三，"三"产生万物。万物背阴而向阳，阴气、阳气交流冲融为和气。人所厌恶的是孤独、少德、不谷（善），但王公用孤、寡、不谷来自称。所以有的事物减损它，却反而增益；有的增益它，却反而减损。人们用来教人的，我也用来教人。"强横的人不得好死"，我用这话来做个说教的老人。

**【解析】**

本章河上公本称为"道化第四十二"，成玄英称"道生章"。帛书甲本残缺，乙本残缺更甚。竹简本无此章。

老子在本章中将道建构成一种数字模式，成为千古名言。老子还阐述了道的智慧在人事中的运用。

"道生一，一生二，二生三，三生万物。"针对道的解读，老子曾运用很多方式方法，如比况、譬喻、意象等等，这里又采用了数字模式的建构。道虽无端，但用数可以推其机；道虽至妙，因数可以明其理；道虽恍惚，由数可以演其序。老子的哲学化的数字模式，概括了道生成万物的过程与其中的各个程序。这一名言很精彩，但自古至今解读者纷争颇多。

老子认为万物由阴、阳对立的双方构成，用"负阴"与"抱阳"表示两者的对立统一。"冲气以为和"，是说冲涌阴、阳二气而成为和谐状态，即阴阳两气相冲激荡，而终至相汇相融之和谐。老子使用了一种既清晰又模糊的语言来表述道以及万物的生成过程，清晰的是一个个数字及其排列，模糊的是那些数字以及排列的内涵。这不是老子的诡谲，而是面对无法确切表述的道的秘密，只能如此智慧地表述。

老子由宇宙生成论转入人生论。"孤""寡""不谷"，已见前文所解读。这里说王公以人所厌恶的名称来自称，是深得损益之道。老子希望人们对教言能顺之而弗违，顺之吉、违之凶。指出强横的人得不到善终，并说自己愿意用这话来做个说教的老人。

本章上段讲宇宙论，下段讲人生论，似乎并不相属，以前学者有疑是他章错简。帛书出土后，发现甲、乙本均有此段，似乎可以不必怀疑其中的错简与移入了。之所以似乎脱节，而其实相契，当是老子行文喜好转折，然后曲尽其妙，即在天道、人道、世事的流转中，窥探重重门道，发现层层智慧。

# 四十三章

天下之至柔①，驰骋天下之至坚②。无有入无间，吾是以知无为之有益。不言之教，无为之益，天下希及之③。

**【注释】**

①至：最，极。　②驰骋：纵马疾奔，这里指驾驭、贯穿。③希：少，稀少。傅奕本作"稀"。及：达到、赶得上。

**【译文】**

天下最柔弱的，驾驭天下最坚强的。没有形体的能渗透进入没有间隙的东西。我因此知道无为是有益的。无言的教育，无为的益处，天下很少有人能达到这一点。

**【解析】**

本章河上公本称为"遍用第四十三"，成玄英称"天下章"。帛书甲本缺数字，乙本残缺较多。竹简本无此章。

老子在本章中揭示"至柔""无有""无为""不言之教"的道理来晓谕世人。

气至微，积微却能无孔不入；水至柔，积柔却能攻击金石之坚；风至弱，积弱却能摧折巨树之强；羽毛至轻，积羽却能沉舟。故人们常说：群轻折轴、众口铄金、积重难返、积毁销骨、积土成山等等，都体现了虽极其细者微者，一经累积聚集，其显示的能量是巨大的惊人的。值得体味的是，本章连续两次出现"天下"之语，这就不单是气、水、风、羽之类了，而是推演于天下之万物，即囊括所有，牢笼百代，概莫能外。这是"天下"的一个大道理。若再引申之，为"天下"者，于"天下"之事，决不可将此等"天下"的道理掉以轻心！

"无有入无间，吾是以知无为之有益。""无有"，指没有质相、形相的东西，这里指道。"无间"是至密得没有间隙的事物。"无有入无间"，真是绝妙好词，看似悖论，却是妙论！"无有"之"道"，看不见、摸不着、无有形体、无有声息之"道"就贯穿于万事万物之中，哪怕无一丝间隙者，照样能悠游地进入。敏察于"至柔"战胜"至坚"，"无有"渗透"无间"等，"吾是以知无为之有益"，终于悟知无为确实是有益的。

"不言之教"相对的是"有言之教"，世人却喜好后者。同样，"无为"相对的是"有为"，世人却不愿无为。老子倡导行"不

言之教",获"无为之益",就是以"无有入无间",虽一"不"一
"无",却能"驰骋天下之至坚"。"天下希及之",是老子的深长
喟叹,尽管不免有些伤感,但是还是以己知去知人,以己觉去觉
人,以己悟去悟人!

# 四十四章

名与身孰亲①？身与货孰多②？得与亡孰病③？是故甚爱必大费④，多藏必厚亡。知足不辱，知止不殆⑤，可以长久。

## 【注释】

①名：名声，荣誉。亲：爱，亲近。　②货：财富，财宝。《说文》："货，财也。"多：重。《说文》："多，重也。"　③病：病害，危害。《说文》："病，疾加也。"　④费：损失，消耗。《玉篇》："费，损也，耗也。"　⑤殆：《说文》："殆，危也。"

## 【译文】

名声与身体，哪个更亲近呢？身体与财富，哪个更宝贵呢？得到与失去，哪个更有害呢？所以爱得太过分了必定会带来大耗费，藏得太多了必定会导致重大损失。知道满足就可以不遭耻辱，知道停止就可以没有危险，才可以保持长久。

**【解析】**

本章河上公本称为"立戒第四十四"，成玄英称"名与身孰亲章"。帛书甲本缺数字，乙本只存二字。竹简本有此章。

老子重视生命的保养，反对追逐身外之物，揭其危害"甚爱必大费，多藏必厚亡"，并高悬箴言"知足不辱，知止不殆，可以长久"。

本章提出了三个世代高悬的灵魂考题。一问："名与身孰亲？""名"与"身"相对，则"名"是身外之物。自古至今世人好名声，当然也爱生命，在清醒时人人都知道生命更宝贵，但是往往在特定的时机下宁可以身殉名，飞蛾赴焰。再问："身与货孰多？"在正常情况下，谁不知道生命比财富重要，但是利令智昏时，往往贪财而丧身。三问："得与亡孰病？"人生在得与失里，有害的并不一定是"失"，而往往是"得"。这里的病根，则是在内里的心病！老子高视深心，虽看似冷峻，却是在点醒世人。

"甚爱必大费，多藏必厚亡。""甚爱"者，从狭义上讲，这里是指爱名、爱财等，从广义上讲，是贪爱一切身外之物，然而"爱"与"藏"过了分，则必定会走向反面。

"知足不辱，知止不殆，可以长久。""知足""知止"，后人简约为"止足"一词。西汉疏广知止知足的事迹，记载在《汉书·隽疏于薛平彭传》里。疏广先后任太子少傅、太傅，其侄子同时为少傅，俱告病还乡，得赐金七十斤。亲戚劝其为子孙购置产业,疏广则认为:"贤而多财,则损其志;愚而多财,则益其过。且夫富者,众人之怨也。"他将这些黄金与乡党、宗族的人共享。此后疏广"止足"的故事,作为诠释老子理念的一个典故被流传下来。老子的针砭永远面对一代代来者,但漫漫两千多年来不知道有多少人置若罔闻,其结局最终逃不出老子的预设,必遭"辱"与"殆",必定不能"长久",毫厘不爽,真可叹也!

# 四十五章

大成若缺，其用不弊①。大盈若冲②，其用不穷。大直若屈，大巧若拙，大辩若讷③。躁胜寒④，静胜热，清静为天下正。

## 【注释】

①弊：指竭尽。　②冲：通"盅"，空虚。　③讷（nè）：说话迟钝、困难。《说文》："讷，言难也。"　④躁：躁动，快速动作。《说文》："趮，疾也。"《段注》："趮，今字作躁。"

## 【译文】

最大的成功就像亏缺的，但是它的功用是不会竭尽的。最大的满盈就像空虚的，但是它的作用是无穷的。最大的正直就像弯曲的，最大的灵巧就像是笨拙的，最大的善辩就像是口讷的。躁动能胜过寒冷，安静能胜过炎热，清静无为的人可以成为天下的君主。

**【解析】**

本章河上公本称为"洪德第四十五",成玄英称"大成章"。帛书甲本全,乙本多残缺。竹简本有此章。

本章中老子揭示了"大成""大盈""大直""大巧""大辩"的"五大"智慧,以及"清静为天下正"的理念。

老子揭出"五大"辩证智慧的实质,其相对应的如"若缺""若冲""若屈""若拙""若讷"则是与之相对的表象。既显示了表象与本质若反的情况,还提示要注意相反而相为用的道理,譬如虽"若缺""若冲",其用却"不弊""不穷"。这既是老子揭示的辩证法智慧,又是人生修炼的大境界。老子的表述充分体现了"正言若反"的方式,即是正面的话,好像反面的话一样。

"躁胜寒,静胜热。"快速动作能发热,故胜过寒;静定则胜过热,譬如世人常言心静自然凉。"清静为天下正",老子认为对于一个已经失去大道的天下来说,满眼都是纷纷扰扰,满世都是甚嚣尘上。因此应当选择反向的一面,即是选择"清"与"静"来胜之镇之。这样的人,就能成为天下的君长。

这章对于审美理念影响甚大。譬如"大巧若拙"理念,原本并不着眼于审美,因其揭出了巧与拙的辩证关系,给人们深刻的触悟。大巧的艺术创造,可以不必把那种技巧、灵巧、奇巧直接呈现出来,而是遮蔽、蕴含、深藏起来,显现的却是拙的、朴的、素的，甚至拙得不露圭角，朴得不作修饰，素得不嫌平淡，然而却与内在的艺术美的规律高度统一，一切自然而然地实现了。"大巧若拙"便逐渐成为一个著名的美学观点。

# 四十六章

天下有道，却走马以粪①；天下无道，戎马生于郊②。祸莫大于不知足，咎莫大于欲得③。故知足之足，常足矣。

**【注释】**

①却：退回，指不用。走马：善于奔跑的马，此指战马。粪：此指肥料。《说文》："粪，弃除也。"段注："古谓除秽曰粪，今人直谓秽曰粪。此古义今义之别也。"　②戎马：战马。郊：郊外，此指战场。　③咎：灾害，祸患。《说文》："咎，灾也。"

**【译文】**

天下有道，退下来的战马用来运输肥料。天下无道，那么连战马生小马驹都在郊外。灾祸没有比不知足更大了，祸患没有比贪欲更大了。所以知足的那种满足，是经常的满足。

**【解析】**

本章河上公本称为"俭欲第四十六"，成玄英称"天下有道章"。帛书甲乙本均残。竹简本有此章。

老子反战，指出战争带来的严重灾祸，而这一切是由贪欲所引发的。本章开篇即将"天下有道"与"天下无道"作鲜明对比，并智慧地聚焦在马匹的不同命运上。

老子真是熔铸意象的高手，慧眼独具！战争之戎马一般由公马参战，由于战争的频繁，公马不够用，母马便也入阵，甚至连怀胎的母马也用上了，马驹都生在战场上了。马匹的命运尚且如此，更何况黎民百姓！历史屡屡记载因战乱而千里赤土、白骨累累。老子不仅指出战争带来的后果和灾祸，而且揭明这一切是由于贪欲所引发的。

极度的"不知足"与"欲得"，造成的祸与咎，必终使人陷于无边苦海。因此，老子主张人们当抑制、控制"不知足"和"欲得"，做到"知足之足"，处于"常足"的状态。老子所说的道理如此直白，然而古往今来不知有多少人前赴后继地遭此大祸、罹此大咎。当人们引咎自责的时候，如果能读到老子此言，也许会刹那间醍醐灌顶，悔不当初了。

# 四十七章

不出户，知天下；不窥牖<sup>①</sup>，见天道。其出弥远<sup>②</sup>，其知弥少。是以圣人不行而知，不见而名，不为而成。

**【注释】**

①窥：从小孔或缝隙里看。《说文》："窥，小视也。"《广雅·释诂》："窥，视也。"牖：窗户。　②弥：越是，更加。

**【译文】**

不必出门户，就能知道天下事理。不必窥看窗外，就能见到天道。那些人走得越是远，认知得就越是少。因此圣人不必远行而能知晓道，不必察见而能明白，不必有为而能成功。

**【解析】**

本章河上公本称为"鉴远第四十七"，成玄英称"不出户章"。帛书甲乙本均残缺。竹简本无此章。

本章阐说人之认知，当重视直观自省、直觉体认的认识方法，而这又需要一颗灵动之心，故必须修炼心灵。

如若足不出户，能知晓天下之事理；不抬头看窗外，能知晓宇宙之天道，此真属灵性焕发。这是因认识了事物的宗主、道的大常、理的大致，就可以执古御今，即用古之道来认知今之道，这是要靠心灵的睿智了。相反"其出弥远，其知弥少"。世人或许可轻易地否定此说，但若活观灵思，不无道理。宗白华解说有味："老子主张'致虚极，守静笃，万物并作，吾以观其复'。他在狭小的空间里静观物的'归根''复命'。他在三十辐所共的一个毂的小空间里，在一个抟土所成的陶器的小空间里，在'凿户牖以室'的小空间的天门的开阖里观察到'道'。道就是在这小空间里的出入往复，归根复命。所以他主张守其黑，知其白，不出户，知天下。"（宗白华《中国古代的音乐寓言与音乐思想》）老子在知行问题上，或被认为是以直觉主义为特征的唯心主义的先验论，若换个角度去绎思，那么其主张是去直接体认隐藏在不断变幻的事物背后深层的、看不见、摸不到的道理与法则。

据说大哲学家康德除了曾去但泽旅行外，一生未曾离开过乡土。其著《自然通史和天体论》，恩格斯认为这是"从哥白尼以来天文学取得的最大进步"，是在"形而上学思维方式的观念上打开了第一个缺口"（《马克思恩格斯选集》第三卷）。他的《纯粹理性批判》《实践理性批判》《判断力批判》等著作，也影响深远。几乎未曾离开过乡土的康德居然有如此作为，或许可以帮助我们理解老子此章的深意。

最后，彰显圣人"不行而知""不见而名""不为而成"的"三不"智慧，作为本章的结论，又以"不为而成"为重中之重，这也就是老子所说的"无为而无不为"。

# 四十八章

为学日益，为道日损。损之又损，以至于无为，无为而无不为。取天下常以无事<sup>①</sup>，及其有事<sup>②</sup>，不足以取天下。

**【注释】**

①取：治理。河上公注："取，治也。"　②及：等到，至于。或解释为"若"，如果；如高亨说：及，犹若也。王引之《经传释词》有此例。

**【译文】**

求学每天增益知识，求道每天损减蒙蔽。损减再损减，而至于无为；无为却能无所不为。治理天下的常态是不要没事生事，至于有事烦扰，不足以治理天下。

**【解析】**

本章河上公本称为"忘知第四十八",成玄英称"为学章"。帛书甲本只存有五字,乙本也残缺。竹简本有此章。

本章老子谈"为学""为道""无为"之道,强调"无为而无不为",这是能取得并治理天下之要诀。

为学是知识的每日积累、增益的过程。为道是追求真理,要不断除去愚妄、损减蒙蔽,是经历每日有所减损的过程,并不是要消除有用的知识。一益一损里,揭示了"为学"与"为道"的相反之异,然而又是相反相成。真正的知识越多,对于道的认识也就能更加智慧地日损。试想无知识者,如何能认识道?知识小者如何能认识大道?

"为道"之"日损",是要达到逐日的损减再损减,而要至于"无为",抵达"无为而无不为"的境地。为什么"日损",还要强调"损之又损"?这里不是简单的重复,而是寓含深意。此说先"损"粗浅者,至于忘恶,此为第一步;然后"又损",即"损"精细者,无细不去,至于忘善,此为第二步。恶善均去,是非皆忘,德与道合,至于无为而无不为。因此老子强调"损之又损",即是二重之损,其实不仅是二重之损,而且是不断减损,是"粗—精—无—无为—无不为"的境界。

治理天下就要"无为无不为",无自造扰民之事,当清静而自正,无为而治,无为而自化,无为而自为。只要常常因其自然之道，就行了，而千万不要没事找事，无事生非，从而乱动、盲动。

最后再从反面来强调，至于"有事"，即"有为"，那就不足以治理天下，这与老子一贯的无为理念相贯通。

# 四十九章

圣人无常心，以百姓心为心。善者吾善之，不善者吾亦善之，德善①。信者吾信之，不信者吾亦信之，德信②。圣人在天下歙歙③，为天下浑其心④。百姓皆注其耳目⑤，圣人皆孩之⑥。

**【注释】**

①德善：得到善良；德，通"得"，得到。 ②德信：得到相信；德，通"得"。 ③歙(xī)歙：和顺而不偏执的样子。 ④浑其心：使其心浑朴。 ⑤注：专注，注意力集中于某处。 ⑥孩之：使其如婴儿一般。"孩"或作"咳"。

**【译文】**

圣人无固定的心志，以百姓的心志作为自己的心志。百姓中善良的，我善待他们；不善良的，我也善待他们，让人人得到善良。百姓中诚信的人，我相信他们；不诚信的人，我也相信他们，让人人得到诚信。圣人治理天下，要顺合地治理，使民心浑朴。百姓都专注地求取着，而圣人则都要使他们像婴孩那样无知无欲。

**【解析】**

此章河上公本称为"任德第四十九"，成玄英称"圣人无常心章"。帛书甲乙本均残缺。竹简本无此章。

本章老子谈为政之道，要以"百姓之心为心"，"善"待百姓，"信"待百姓，要"浑其心"，使其"孩之"，复归于淳朴的婴儿状态。

"圣人无常心，以百姓心为心。"许啸天所著《老子》有注："常心是主观的心，自私自利的心，只看见自己，不看见百姓，所以到底得不到民心，而为人民所共弃。"此可知圣人应以百姓之所乐所忧、所想所急为自己的心志，顺从民心民意，大公而无私心。如严复曾说："圣人有常道，无常心。常心与因明之用，常相反也。""黄老之道，民主国之所用也。"此句陈柱有注："此民主之义更明。"他们均认为，老子的民主理念，在本章又鲜明地表现出来。

圣人既善待百姓中的善良者，也善待百姓中不善良者，让人人变化而得到善良。此谓圣人行大善来感化民众，大而化之，潜移默化，希望人人能成为善良者。圣人于百姓中诚信的人、不诚信的人，均相信他，这就使得人人变化而得到了诚信。作为人道之极的圣人去移风易俗，如善之化，信之化，是尊重每个生命，不歧视抛弃人，希望人人能成为诚信的人。

圣人在位治理天下，要顺合地治理天下，使天下民心浑朴，所以最后得出"圣人皆孩之"。陈鼓应说："百姓都专注他们自己的耳目，指百姓竞相用智，即王弼注'各用聪明'。在'各用聪明'的情形下，自然会产生各种的纷争巧夺。"百姓皆纷纷专注地用自己的耳聪目明去追求知识、名利、欲望等等，然而圣人来治理天下，能使得他们返归于婴孩状态，无知无欲，真诚和谐。

# 五十章

出生入死。生之徒十有三[①]；死之徒十有三；人之生，动之于死地亦十有三。夫何故？以其生生之厚[②]。盖闻善摄生者[③]，陆行不遇兕虎[④]，入军不被甲兵[⑤]；兕无所投其角，虎无所措其爪，兵无所容其刃[⑥]。夫何故？以其无死地。

**【注释】**

①徒：类属。　②生生：指养生。　③盖：发语词。摄生：养生，保持着生命。河上公注："摄，养也。"《说文》："摄，引持也。"　④兕（sì）：犀牛类野兽。　⑤被（bèi）：遭遇，遭受，加。《广雅·释诂》："被，加也。"　⑥容：容纳，接受，用。《释名》："容，用也。"

**【译文】**

出世是生，去世是死。长寿的这类人，占十分之三；中途夭折的这类人，也占十分之三；人之养生，妄动而至于死地的，也占十分之三。这是什么缘故？因为他们养生的丰厚太过分了。听闻到善于养生的人，在陆地上行走，不会遭遇到犀牛老虎的侵害；加入军队参战，不会遭受到武器的杀伤；犀牛用不上角，老虎用不上爪，兵器用不上锋刃。这是什么缘故？因为他没有陷入死地。

**【解析】**

本章河上公本称为"贵生第五十"，成玄英称"出生入死章"。帛书甲乙本均残。竹简本无此章。

老子对生命做出睿识的思考，生命是由出生而走向死亡的过程，在此过程中却有不同的生命状态。本章集中分析了三种类型，足以使人们洞察生命的究竟，洗涤心灵的尘埃，选择最佳的生存方式，获得最理想的生命状态。

首句"出生入死"已成为熟知的成语。老子关注并参悟生命，短短四字给世人揭示了生命之道：生命是一种由"出生"向"入死"的不断前行的一维的、不可逆反的过程。若悟得顺其自然地生活着，顺其自然地"出生入死"，这也许就是生活的玄妙智慧与艺术。

老子指出生命的过程后，又将人的生命类型进行分类并做量化分析。其中能长生的一类人占十分之三；早死、短寿、中途夭折的一类人占十分之三；因过分养生，盲目追求长生，然而动辄至于死地的也占十分之三。他认为真正善于养生的人，不会白白地送死，不会进入死地，而是警惕死地、绕过死地。"兕虎""兕角""虎爪""甲兵""兵刃"都另有喻义，其意象的转换可视为危害生命的种种大敌。其中最大的危害当是人心的贪欲，其不是"兕虎"却胜过凶兕猛虎、不类兵刃却甚于锐兵利刃。老子揭示了一种超越之道，尽管"出生"的最后结果必定"入死"，但是延展生命的过程却是完全可能的。人们却往往自己"找死""寻死""作死"，如被法律处死、被钱财害死、被斗殴打死、被淫欲致死、被忧思逼死，被牢骚愁死、被功名搞死、被劳累累死等，不一而足，这就是自蹈死地，本不该早死却死定了。

# 五十一章

道生之，德畜之①，物形之，势成之。是以万物莫不尊道而贵德。道之尊，德之贵，夫莫之命而常自然②。故道生之，德畜之，长之育之，亭之毒之③，养之覆之④。生而不有，为而不恃，长而不宰，是谓玄德。

**【注释】**

①畜（xù）：养育、滋养。　②命：命令，干涉。或作"爵"。王弼注："命并作爵。"帛书甲乙本、傅奕本均作"爵"，爵位。　③亭：成，或说镇定。毒：熟，或说安定。　④养：护养。覆：覆盖，指庇护。

**【译文】**

道产生万物，德畜养万物，万物形成形体，又由势成功。因此万物没有不尊重道而贵重德的。道被尊重，德被贵重，并没有谁去命令万物，它们从来是自然而然生成的。所以道产生万物，德畜养万物，生长万物，养育万物，长成万物，成熟万物，护养万物，覆盖万物。道生长万物而不占为己有，辅助万物而不自恃有功，为万物之长而不加主宰，这就是幽深玄妙之德。

【解析】

本章河上公本称为"养德第五十一"，成玄英称"道生之章"。帛书甲乙本均有残缺。竹简本无此章。

本章老子论说道生成天下万物的过程、特征与功用，从而凸现道之尊、德之贵，以及德之玄妙。

道生成万物，本章可与四十二章之论并悟。"德"，就是"得"，万物各得其道，从而成为万物各自的德性，即天性、本性。人得其道，为人性；兽得其道，为兽性。如此则万物均要遵行各自所得德性之轨道才能生、畜、形、成。"物形之"，是按照自己的德性而渐渐成形，比如胎盘渐渐分成男孩女孩之形体；稻麦之种各自成为稻子麦子，而花木之种各自花果飘香。然而，最后万物之成，必有待"势成之"。"势"，涵于形，称形势；涵于力，称势力；涵于时，称时势；涵于情，称情势，"势"之内涵富足。老子又彰显了万物生成的双向动态序列：从"生"而至于"成"的顺向序列，从"成"返回至"生"的逆向序列。从逆向序列去观察，那就会妙悟于心，万物之终极根源都由道而来。"势成之"，彰显了既超越"物""器"其上，又融贯其里的生、畜、形、成之因素、过程、逻辑与规律,凸现道、德、物、势四者的共同作用;而"势"即居其一,不可或缺,这当是一种理论思维与哲学智慧的升华。

再说,如若不尊道贵德则其物灭亡,不知多少物种的灭绝就是最好的例证。道之尊,不是自尊其尊;德之贵,不是自贵其贵。道没有以自己的意志去命令万物怎样去生、畜、形、成,而是永远让万物自然而然地遵行着自我的生成程序。这是道生成万物的特征。

万物的生成过程分为生畜、长育、亭毒几个阶段,"养之覆之"是从另一个角度来说的,指道在全过程中还起着供养、庇护的功用。最后赞扬"玄德",这就是幽深玄妙之德。

# 五十二章

天下有始，以为天下母。既得其母①，以知其子；既知其子，复守其母，没身不殆。塞其兑②，闭其门③，终身不勤④。开其兑，济其事⑤，终身不救。见小曰明，守柔曰强。用其光，复归其明，无遗身殃，是为习常⑥。

## 【注释】

①既：已经。　②兑：孔窍，此指嗜欲的孔窍。　③门：此指嗜欲的门径。　④勤：劳苦。《说文》："勤，劳也。"　⑤济：成，成就。　⑥习常：即袭常，指承继常道，顺应规律。习，通"袭"，因承、承袭。

## 【译文】

天下有个开始，以此作为天下万物之母。既已得到了万物之母，以此知晓那些万物之子；既已知晓那些万物之子，再守着那个万物之母，那就一生没有危险。塞住贪欲的通道，闭上贪欲的门路，终身都不会劳苦。开启贪欲的通道，做成那些事情，就终身不能挽救。能识见微小的叫明，能守住柔弱的叫强。能用智慧之光，又能回归内心的明智，就不会给自身遗留祸殃，这就称为顺应常道。

**【解析】**

本章河上公本称为"归元第五十二"，成玄英称"天下章"。帛书甲乙本均稍残缺。竹简本有此章。

本章老子再次教诲人们体道、悟道、行道、守道。道为天地之开始、万物之母，从而既要知始而知末，又能知末而守始，此即是得母而知子，又能知子而守母。人们应当"习常"，即心契于道，顺应常道。

天下之道：得母知子，知子守母。天下万物有始，是说其根源，并用天下万物之母来譬喻此不仅"得母知子"，又由流而溯源，此为"知子守母"。如此明敏于双向回路的通达，那么终身不会危险。

开与闭：塞兑闭门，开兑济事。"兑"与"门"均指欲望之于人的通道，如耳目等。如果塞兑闭门，拒绝欲望的诱惑，便终身不会犯病。反之开启了知与欲的通道，并做成其事，从而心灵蠢蠢欲动，贪欲频频萌发，那是终身不可救药了。

习常无殃：见小守柔，用光归明。老子认为真正的"明"是能看到小、细、微的"道"。真正的"强"是能守柔。老子对于这一问题反复论说过，如"天下之至柔，驰骋天下之至坚""弱胜强，柔胜刚"等等。

章末"光"与"明"之分辨，又见老子独特智慧。如王安石注："光者明之用，明者光之体。"如再引申之，那么光者为子，明者为母；光者为末，明者为本。智慧之"光"之用，是为了去掉民众之迷惑，而不是也不应炫耀自己的这种光。人常自我造因，又狃（niǔ）祸不察，终遭其害而不能救，自得厄运而不能晓，不正是缺失了老子所说的习常之明智吗？老子"无遗身殃"的告诫，语重心长！

# 五十三章

使我介然有知①，行于大道，唯施是畏②。大道甚夷③，而民好径④。朝甚除⑤，田甚芜，仓甚虚。服文彩⑥，带利剑，厌饮食⑦，财货有余，是谓盗夸⑧。非道也哉！

**【注释】**

①介然：微小、细微的样子。　②施：通"迤"，也作"迤（yí）"，指邪，斜，不正。　③夷：平坦。　④径：指斜路，小路。　⑤除：污，脏乱，败坏。或说洁好、积聚等。　⑥服：穿衣服。文彩：指华丽的丝织品。　⑦厌：通"猒（yān）"，也作"餍"，吃饱、满足。　⑧盗夸：大盗，盗魁。夸：大。

**【译文】**

假使我稍微有点知识，就行走在大道上，只怕走入邪路。大道很平坦，而人们却喜欢走小路。朝廷很脏乱，农田很荒芜，仓库很空虚。他们却穿着华丽的衣裳，佩带锋利的宝剑，醉饱饮食，财货剩余，这就称为强盗头子。这是不符合道的！

**【解析】**

本章河上公本称为"益证第五十三"，成玄英称"使我章"。帛书甲乙本均残缺。竹简本无此章。

本章老子告诫人们，正像走路要走大道、正道，不要走小道、捷径、邪路一样，治理政治亦然，不要做"盗夸"，而要对"非道"说不！

选择：大道、邪路、好径。因为害怕迷入歧途，一般人或圣人都会选择走大道，此句是为了有力地反衬下面的论说。世间常见的却是很平直的大道不走，而偏偏喜好走小路、斜路。舍大道，抄捷径，走小路，大都是有所贪欲，比如急功近利、欲速求快、贪图方便，而为之者屡见不鲜。再如世间不学大智专攻小慧，不搞正事却专搞歪门邪道，有着正门不走而偏走旁门后门等，均属此类人。

揭露：腐败三甚，盗夸行径。揭露朝廷政治甚为肮脏混乱，农田甚为荒芜，仓库甚为空虚。老子斥责统治者彩服佩剑以为外饰，饮食侈厌以自奉，财货积聚而盈余，这就称为盗夸。这是不符合道的！"盗夸"就是大盗、强盗头子、盗贼之首。"盗夸"，或被认为是"盗竽"。"竽"在古代的音乐演奏中起着带头的作用与地位，而众乐则是附和；因此强盗的头子就像盗中之"竽"。

　　帛书本带来的信息也有意趣，虽甲乙本于此句均残缺，但是乙本还留有一个残字的右偏旁"木"，左边的一半没有了。帛书研究组注云："《韩非子·解老篇》作'盗竽'，此本'盗'字下仅存右部木旁，或是一从木于声之字。"他们推测是个"杅"字，那就可能是"盗杅"了。高亨说：夸、杅、竽古通用。那么，盗杅也即是盗魁、强盗的头子。

# 五十四章

善建者不拔①，善抱者不脱，子孙以祭祀不辍②。修之于身，其德乃真；修之于家，其德乃余；修之于乡，其德乃长；修之于国，其德乃丰③；修之于天下，其德乃普④。故以身观身，以家观家，以乡观乡，以国观国，以天下观天下。吾何以知天下然哉? 以此。

**【注释】**

①建：立，树。　②辍（chuò）：断绝，停止。《玉篇》："辍，止也。"　③丰：丰富，丰盛。　④普：遍，博，大。《广韵》："普，博也，大也，遍也。"

**【译文】**

善于建树的不会被拔除，善于抱持的不会被脱落。因此子孙（遵守这道理）祭祀就永不会断绝。用这道理来治身，他的德行就纯真；用这道理来治家，他的德行就有余；用这道理来治乡，他的德行就增长；用这道理来治国，他的德行就丰厚；用这道理来治天下，他的德行就普及。所以依据我身来观察他身，依据我家来观察他家，依据我乡来观察他乡，依据我国来观察他国，依据我的天下来观察其他天下。我凭什么知道天下的情况呢？就是凭这方法。

## 【解析】

本章河上公本称为"修观第五十四"，成玄英称"善建章"。帛书甲本多残缺，乙本稍残。竹简本有此章。

本章老子着重论说了修身修德的重要，及其修炼递进的程序与智慧。由善建德、善抱道、善修身，由观身、家、乡、国、天下，在修德的施行、扩大、普及过程中可至无坠无失、不拔不脱的境地。

善建树者不会被拔除，是因为善于深根固柢。善抱者不脱，是因为抱持着道。若一代代人都能传承此"二善"，则祭祀当然也就"不辍"。

"修之于身，其德乃真。"真德必须经过自身修炼的过程。德就是"得"，"得"道就必须剥离去自我内心的一层层蒙蔽，然后渐得真进道。此是由表及里、由外而内的深层滋润与修养，然后再向外一层层地把德性的光芒辐射出来。若至"其德乃真"之境，则必然是建而不拔、抱而不脱了。修之于身、家、乡、国、天下，其德乃真、余、长、丰、普，这是从一己的修德推行出去，那德才变得越发丰满、深厚、普及。

自身既已建德抱道，那么可以由我之身去观察他人之身，可以比较异同，一层一层地推演衍化至家、乡、国、天下：由我家观察他家，由我乡观察他乡，由我国观察他国，由我之天下观察其他天下。

老子特别强调从自身推演出去：一是从自身修德开始做起，然后推演出去；二是从自身观察开始做起，然后推演出去；三是推演的路数都是一层层由近及远、由小及大。这就是先由自身的考察，再进行层层的推演来知晓的。这或许就应合了老子所说的"不出户，知天下"的道理。

# 五十五章

含德之厚，比于赤子①。蜂虿虺蛇不螫②，猛兽不据③，攫鸟不搏④。骨弱筋柔而握固⑤。未知牝牡之合而全作⑥，精之至也。终日号而不嗄⑦，和之至也。知和曰常⑧，知常曰明，益生曰祥⑨，心使气曰强。物壮则老，谓之不道，不道早已⑩。

**【注释】**

①赤子：指初生婴儿。　②虿（chài）：蝎子类毒虫。虺（huī）：毒蛇。螫（shì）：毒虫、毒蛇咬刺，也就是俗话所说的蜇人。　③据：抓。　④攫（jué）鸟：用爪子抓物的鸟，如鹰隼一类。　⑤握固：手紧握。　⑥牝牡：指雌雄、男女。牝，雌性。牡，雄性。全：通"朘（zuī）"，此处指男婴的生殖器。他本或作"朘""峻"。章太炎《新方言·岭外三州语》："三州谓赤子阴曰峻。"　⑦嗄（shà）：嗓音嘶哑。　⑧常：规律，真常之道。⑨益生：谓纵欲贪生。祥：此指妖祥、灾祸。　⑩已：止。

## 【译文】

人含有深厚的德性，可比为初生婴儿。蜂、蝎、毒蛇都不刺咬他，猛兽不抓他，凶鸟不搏击他。赤子筋骨柔弱，而能握拳牢固。赤子不知晓男女交合之事，而男婴生殖器挺起，是精气神极其充足所致。赤子终日号哭，而喉咙不嘶哑，是精气神极其和谐所致。懂得和谐之理，就称为知晓真常之道。知晓真常之道，就称为明智。贪生纵欲，就称为灾害。心灵放纵意气，就称为强横。物体达到了强壮则必定会衰老，这叫作不合乎道；不合乎道，就会过早终止。

## 【解析】

本章河上公本称为"玄符第五十五"，成玄英称"含德章"。帛书甲乙本均稍残缺。竹简本有此章。

本章中老子用赤子的一系列意象阐述了德性深厚的玄妙，若臻于柔之至、精之至、和之至，那么无物能损害其德与身、改变其真与全。反之，不循此道，则由壮而至于早衰，由早衰而至于早死。

"赤子"的意象哲思。赤子，初生的婴儿，心地未被污染，大德没有亏损，性灵浑朴纯洁，一派自然天机，绝无巧诈机心。老子极精彩地描述了赤子"含德之厚"的高妙之境：蜂、蝎、毒蛇等都不刺咬他，猛兽不施爪抓他，凶鸟不展翼搏击他。赤子筋骨柔弱，却握拳牢固；赤子不知晓男女之事，而其朘挺起，是精气神极其充足所致；赤子终日号哭，但是喉咙不嘶哑，是精气神极其和谐所致。这正是含德之厚者的写照。从含德的情况比较，人长大后和初生态的赤子是不同的，在益生的增益中，却渐渐失去了原本所具的德之厚。

"知和"，知阴阳调和之纯和。"知常"，知纯和所获得的真常。"知明"，知真常之道便为明智。"知祥"，知益生之祥。益生是指纵欲贪生，而想增益生命，欲望长生。"知强"，心灵任其驱使，放纵意气，就称为强横。总之，心灵、精神不能达到澄澈虚无，而是使气任气，心高气傲，物情颠倒，触境生迷，终至心神恍惚，那么虽强实虚，虽壮实老，虽盛实危。

最后指出盛极则必衰，盈极则必亏。物之"壮"，继而则必定是"物壮则老"。这就称之不合乎道。"不道"则又必定"早已"，那就会过早终止。这包含两层意思：一是从行为的结果来说，既然不合乎道，就会早结束。二是从行为者来说，既然不合乎道，就要自己早结束那种不合道的行为。这几句和三十章相近，研究也各有所见。

# 五十六章

知者不言，言者不知。塞其兑①，闭其门，挫其锐，解其分②，和其光③，同其尘④，是谓玄同⑤。故不可得而亲，不可得而疏；不可得而利，不可得而害；不可得而贵，不可得而贱。故为天下贵。

## 【注释】

①兑：孔窍，孔道。　②分：通"纷"，纠纷，纷扰。　③和：混和，和同。光：光亮，又指德性之光辉。　④同：混同。尘：世尘，尘俗。　⑤玄同：玄妙的同一。

## 【译文】

真知真智者不多言说，多言说的不是真知真智。塞住贪欲的孔道，闭上贪欲的门户，挫去锋芒，化解纷扰，和含光芒，混同尘俗，这就称为玄妙的同一。所以不可能有所亲近，不可能有所疏远；不可能有所获利，不可能有所危害；不可能有所尊贵，不可能有所卑贱。所以能成为天下所尊贵的。

**【解析】**

本章河上公本称为"玄德第五十六",成玄英称"知者章"。帛书甲乙本均稍残。竹简本有此章。

本章老子讲述了待人处事的"言说"之智、"玄同"之理,以及"亲疏""利害""贵贱"之道。因此虽寄迹于滚滚尘寰,却能心超物表,优游精神之圣域。

老子的"知者不言,言者不知"之说,不是要做"哑巴",而是不要心中无道而夸夸其谈,胸中无德而浑说胡吹。老子将"知者不言"之道运用到处事、处世、治政,此亦是"无为而无不为"的一个重要方面。白居易曾有诗《读〈老子〉》:"言者不知知者默,此语吾闻于老君。若道老君是知者,缘何自著五千文?"这是白居易对于老子的嘲讽,似乎抓住了老子本身的矛盾把柄:既然你老子是智慧者,为什么你写下"五千文"又言又说了?千年之后钱锺书又反唇相讥:"白居易尝学佛参禅,自作《读禅经》诗解道:'言下忘言一时了',却于《老子》少见多怪,何知二五而不晓一十哉?"《管锥编》中专门设有一节《知者不言》,对老子此理念详细理析,可参见。

老子再推出与天地万物混同为一的"玄同"说,且细析为"塞其兑""闭其门""挫其锐""解其分""和其光""同其尘"

六则。这是说，人只有堵塞耳目口鼻等认知器官，无知无欲，因循自然，泯灭差别，消除是非，才能使得自己进入"玄妙齐同"与"道"融为一体的境界。从而能真正识道得道，自由自在，超然处世。"玄同"一词，《老子》中虽仅出现一次，但影响很深远。这种与天地万物融而为一、与道合而为一的玄妙齐同的境界，被庄子所传承并发扬。

老子再申说成为"天下所贵"的六个"不可得"智慧。总之，若将"有"化为"无"，终至于由"无"而为"玄同"，为天下之贵。一切对立之物在绝对中都是同一的，大道具有这种同一，便为之最贵。

# 五十七章

以正治国，以奇用兵，以无事取天下。吾何以知其然哉？以此：天下多忌讳①，而民弥贫②；民多利器③，国家滋昏④；人多伎巧⑤，奇物滋起；法令滋彰⑥，盗贼多有。故圣人云：我无为而民自化，我好静而民自正，我无事而民自富，我无欲而民自朴。

**【注释】**

①忌讳：禁令，禁忌。　②弥：更加。　③利器：锐利之器具。　④滋：愈加，更加。　⑤伎巧：技巧，技能。　⑥彰：分明，显著。

**【译文】**

用正道来治国，用出奇的计谋来用兵，用清静无事取得天下。我凭什么知道是这样的呢？凭以下这些可以知道：天下忌讳越多，民众就越贫穷；民众手中的锐利工具越多，国家就越混乱；

民众的技巧越多，奇异的事物就越出现；法令越严明，盗贼也就越多。所以圣人说：我无为，而民众就自然顺化；我好静，而民众就自然上正轨；我不生事扰民，民众就自然富裕；我没有贪欲，民众就自然朴实。

**【解析】**

本章河上公本称为"淳风第五十七"，成玄英称"以正章"。帛书甲乙本均残缺。竹简本有此章。

本章老子论治国正道，人君若能做到"无为""好静""无事""无欲"，那么民众就会臻于"自化""自正""自富""自朴"。

老子阐说了"以正治国""以奇用兵""以无事取天下"的三大智慧。如果用道来治理国家那就谓之最；其次以正治国，则有正必有奇，必定要用兵了；所以应以无事取天下。国家、民众的贫困，除了天灾就是人祸了。处处束缚民众的手足，将其积极性、创造性全扼杀了，就会把那种浑厚的社会发展的推动力抹煞了。民众越加贫困，便用利器来自卫，或寻找自我的出路，那么民众拥有的利器越多，国家就越发昏暗混乱了。人们的智巧越多，奇异的事物就越多出现。

为什么反对这些？因为在老子看来，人演变得越来越"聪明"的同时，也往往因伎而巧，巧而诈，诈而邪，邪而恶，恶而劣，劣而伪。这些东西渐生渐长，那么人心离淳朴、离道也越远了。

再说，"奇物滋起"，必然会越来越出奇斗新。人们的欲望愈深广，贪欲之心愈纵驰，人之争斗愈演愈烈。老子认为法律法令越严明，盗贼也就越多。历史上郑国曾先作刑书，后来晋国又铸刑鼎，但是结果是"郑国多盗"。最典型的是秦国的法律刑罚如此严酷，然而秦统一以后很快就在农民起义中崩溃，应了"官逼民反"的民谚。数千年的历史无不显示民众孕育着巨大的创造和创富能力，如不去压制阻碍，其能力会汩汩不断地奔涌而出。若能"崇本"，注重根本之道，能无欲、无为、不惹事、不扰民，则民众自化自正，自富自朴，那么自然"息末"，枝末平息。这就是老子主张与向往的"圣人"治政与管理的最高境界。

# 五十八章

其政闷闷，其民淳淳。其政察察，其民缺缺①。祸兮，福之所倚；福兮，祸之所伏。孰知其极②？其无正。正复为奇，善复为妖③。人之迷，其日固久。是以圣人方而不割④，廉而不刿⑤，直而不肆，光而不耀。

**【注释】**

①缺缺：狡诈的样子。"缺"，或说通"狯"。　②极：尽头。③妖：邪恶。　④割：伤害。　⑤廉：棱角。刿（guì）：刺伤。

**【译文】**

国家的政治混沌宽松，国民就淳朴敦厚。国家的政治明察苛刻，国民就狡猾诈伪。祸是福所依靠的，福是祸所隐伏的。谁知道它们变化的结局呢？它们是没有定准的。正复反为邪，善复反为恶。人们的迷惑，本已时日久远了。因此圣人方正却不割伤人，有棱角而不刺伤人，正直而不放肆，光亮而不刺眼。

**【解析】**

本章河上公本称为"顺化第五十八",成玄英称"其政章"。帛书甲本残缺多,乙本稍残缺。竹简本无此章。

本章老子论说治国治政的核心理念是"无为",治政当"闷闷",而不该"察察"。由此再深层抉发辩证法则,破解人们的困惑。

老子提出了似乎悖论式的、"天方夜谭"般的论说,其实若窥其内核,则内蕴深理。如"闷闷""淳淳"之状,反映的是广远的政治视野,展示的是治政者臻于无为而无不为、无治而至于大治的境界。

老子对祸与福的解读,揭示了一种动态的、辨证的关系与法则,这是超越的智慧。老子看到祸与福是相反相对,又相成相化、相倚相伏的。祸害之机、动乱之萌,均伏于隐微,潜藏不显,故要及早察觉那"祸机""祸几""祸根"的苗头,从而及早预防,而在祸害来时,又要能动地转化,及时化解。

老子为世人树立典范。其拟喻圣者大方,德性方正、品行端正,能导人诲人,但是不露不显其方,不以锋芒、棱角来割伤他人。圣人行廉清,但不伤害人。圣人很正直,然而不放肆。圣人又贵和光同尘,处世无形无名。老子不是不要"光",而是教导"光而不耀"。古往今来人们常把一切可以引以为骄傲的东西作为自己的"光源",如权利地位、财富才智、成就名声、华屋美妻、美服美食等都可以在他人面前炫耀。人们讲究"光耀门楣""光宗耀祖""光前裕后",人活着就要发光而耀眼。老子则洞察通透人性的弱点,反拨众人之理念,倡导内里"怀玉"、外表"被褐"的"光而不耀"。由此,后世便有了"韬光养晦""韬光晦迹""韬晦之计""韬晦待时""韬光韫玉""韬声匿迹"等成语,延伸了老子的智慧。

# 五十九章

治人事天莫若啬①。夫唯啬②，是谓早服③。早服，谓之重积德，重积德则无不克④，无不克则莫知其极，莫知其极，可以有国。有国之母⑤，可以长久。是谓深根固柢⑥、长生久视之道⑦。

**【注释】**

①莫若：不如，莫过于。王弼注："莫若，犹莫过也。"啬：节俭、吝啬。或说农夫。　②唯：因为。　③服：从事，服从，得到。河上公注："服，得也。"　④克：胜利。　⑤母：母体，根本。⑥柢：树根。　⑦久视：久活，久存，喻指长生不老。《吕氏春秋·重己篇》："莫不欲长生久视。"高诱注："视，活也。"

**【译文】**

治理民众，事奉天道，莫过于俭啬。正因能俭啬，就称为尽早地服从道。尽早地服从道，就称为贵重积德；贵重积德，就无所不能战胜；无所不能战胜，就不知那极限；不知那极限，就可以保有国家。有了保国的这一根本，就可以长久。这就称为根深柢固、长生久存之道。

## 【解析】

本章河上公本称为"守道第五十九"，成玄英称"治人章"。帛书甲乙本均残缺。竹简本有此章。

本章老子论"俭啬"之"啬"的精义及在"治人事天"中的重要地位。揭示了由"啬"为逻辑始点的有序、有益、有效的进程，终得"深根固柢、长生久视之道"。

"早服"，即在还没有损伤之前已经认识到"啬"，并及早服从于道。尽早从事、服从道，称为"重积德"。此"德"既指"啬"之德，更指向由此不断积累而终得大道之大德。重积之德逐步充足，此根此本已积累得至厚至重，外物也就莫能伤害，且能无往而不胜。道之伟力本是无穷，既然没有战胜不了的，那么也就不知道重积德者的极限了。不知其力量的极限，才能真正长久地保有国家。有了立国的根本就可以长久存在。由此归结为"是为深根固柢、长生久视之道。""根柢"之意象深入人心。结合《云笈七签》所说，可知人既可以像树木那样"根壮叶茂"，"但能养精神，调元气，吞津液，液精内固，乃生荣华。喻树根壮叶茂，开花结实，胞孕佳味，异殊常品"，也可能像树木那样"根朽枝枯"，

"圣人喻引树为证也。此气是人之根本，根本若绝，则脏腑筋脉如枝叶，根朽枝枯，亦已明矣"。

魏源《老子本义》有评"此章首以'治人事天莫若啬'为主，下文即承'啬'而反复引申之，自'早服重积德'至'莫知其极'，皆发明啬义，兼治人、事天而言也。随举有国以明治人之用，并及深根固柢以言事天之要。盖道之啬而至于早服无间，德之积而至于莫知其极，则敛舒咸宜，体用兼妙，以之有国则可以长久，以之固己则可以长生。惟其治人、事天无所不可，故曰'莫如啬'也。"此说利于本章导读。

后世"深根固柢""长生久视"等成语，即出自此章。此章对后世的养生文化影响深远，"啬"的智慧不断传衍，"啬"也被认为是"摄生"之要诀。

# 六十章

治大国若烹小鲜①。以道莅天下②，其鬼不神③。非其鬼不神，其神不伤人④。非其神不伤人，圣人亦不伤人。夫两不相伤，故德交归焉⑤。

**【注释】**

①烹：烧，煮。小鲜：小鱼。　②莅：莅临，治理。　③神：形容词，灵验。　④神：名词，鬼神，神灵。　⑤交：相互、交互。或说俱、共。

**【译文】**

治理大国就像烹煎小鱼。用道来治理天下，那鬼就不灵验。非但鬼不灵验，那神灵也不伤害人。非但那神灵不伤害人，圣人也不伤害人。鬼神、圣人不相与伤害人，所以德也就交互归于民众了。

**【解析】**

本章河上公本称为"居位第六十"，成玄英称"治大国章"。帛书甲本乙本均残缺。竹简本无此章。

老子在此提出"治大国若烹小鲜"的著名论断，从烹小鱼不能多扰，扰则烂，不能火猛，猛则毁，悟出深刻的治国理念。

老子极善于将日常生活里习见的现象升华为智慧与哲理。治理大国若多扰动，施暴政，至于不顾规律的所谓有为、大有为、乃至于妄为，那就决不能治理好！当下我们更可以看成"管理哲学"，烹调美食要讲究"和"，管理哲学也要讲究一个"和"字，而"治大国若烹小鲜"中不因扰而散架是"和"，不"贼其泽"是"和"，成为一道美食就是"和"。老子不用鼎鬻牛羊那样的大器大牲来拟喻，却只比拟为普通炊器中烹一条小鱼，极言其小其易。面对那些政治家、思想家而能够如是说，老子显示出何等的气魄！

老子认为圣人治国的关键应该以道莅天下，如果天下无道，世事混乱，人心动荡，人们才去乞求于鬼神。如果道得以推行，公正太平，纯真昭明，人们无须去祈祷，"其鬼不神"。

在老子看来，圣人若不尊道贵德，也会伤害人。圣人若清净无为，不去扰民，则天下祥和。鬼神、圣人与民众在互不相害中达到彼此融洽，而此时民众由道所得的德也就无损无失地回归了。

"以道莅天下，……夫两不相伤，故德交归焉"，就是正反论断的一种形式。这里运用的逻辑智慧,有学者说:这类形式的推论方法,并不是简单组成的,换句话说,这里的结论或论证过程,应该说是通过了"反证法"或者"归谬法"的论证得来的(汪奠基《中国逻辑思想史》)。本章的修辞尤为杰构,明喻"治大国若烹小鲜",将"治"与"烹"巧妙勾连,"大国"与"小鲜"做绝妙对比,深涵治理统驭之道,从而深得中外政治家之心,并深渗于管理理念中。

# 六十一章

大国者下流①，天下之交②，天下之牝③。牝常以静胜牡④，以静为下。故大国以下小国，则取小国；小国以下大国，则取大国。故或下以取，或下而取。大国不过欲兼畜人⑤，小国不过欲入事人。夫两者各得其所欲，大者宜为下。

## 【注释】

①国：帛书甲本作"邦"，乙本作"国"。者：语助词。下流：江河的下游，此指卑下的地位。　②交：交汇，汇总，归附。　③牝：鸟兽的雌性，泛指雌性。　④牡：雄性。　⑤兼：兼有，统领。畜：养护。

## 【译文】

大国要居处于像江河下游的地位，是天下交汇处，是天下雌性的地位。雌性常以安静胜过雄性，因为能安静所以能处下。

所以大国要用谦下来对待小国，那么就能取得小国的归附；小国要用谦下来对待大国，那么就能被大国取容。所以有的是大国谦下，而取得小国的归附；有的是小国谦下，而被大国取容。大国不过要兼有养护小国，小国不过要侍奉大国。大国小国两者若要得到各自所想得到的，那么大国应该处下。

【解析】

本章河上公本称为"谦德第六十一"，成玄英称"大国章"。帛书甲乙本均略残。竹简本无此章。

老子对国与国之间的相处之道，做出深刻的剖析，指出此中的关键就在于能"处下"，大国的外交策略与智慧尤"宜为下"。

"大国者下流"，即在国际关系的处理中，大国应选择的是居处于下位，因"处下"而去取得自己所希望得到的利益。这就像溪谷与江海那样能处下，则百川归流；大国能谦下，则众国归附。无论是水之"下流"还是"牝牡"之意象，在老子看来皆可喻道，都是柔的、弱的、安静的、处下的、不争的，然而却能胜刚、胜强、胜雄、胜牝、胜动、胜躁。老子剖视国与国之间的交往之道，是用生动意象、深刻哲理来晓谕的。

老子面对的是一个纷争的时代，大国小国之间关系错综复杂，非一言能尽。老子抓住一个症结，即是大国与小国的关系处理问题，用处下之道可使得两者互赢。如果能让许多小国真诚地团结在自己周围，且越来越多，那么这样的大国是真正的更大更强了，其他的大国再要觊觎欺凌就非易事了。

如此亦可豁然开悟，《老子》一书所论并非只是玄之又玄的玄谈、虚无缥缈的虚论、不食人间烟火的高头讲章，而是渗透着一个高度负责任的哲学家、历史学家、社会学家对于人世间的深切关怀。老子用自己的理论、学识、智慧，多方位地为世人筹谋划策。因此在很多地方，老子直接切入时代、社会、当下的问题，精辟地箴世、喻世、警世、醒世。

# 六十二章

道者，万物之奥①，善人之宝，不善人之所保。美言可以市②，尊行可以加人③。人之不善，何弃之有？故立天子，置三公④，虽有拱璧以先驷马⑤，不如坐进此道。古之所以贵此道者何？不曰以求得，有罪以免邪？故为天下贵。

【注释】

①奥：藏，荫庇。或说主，贵。 ②市：《说文》曰"市，买卖所之也"。此为购买，收购，取得。 ③加人：施加影响于他人，或说超过众人。 ④三公：周朝以太师、太傅、太保为三公。⑤拱璧：拱抱的大玉璧。驷马：四马驾一车，即车乘。

【译文】

道，是万物之主，既是善人的宝贝，也是不善的人所应当保持的。美好的言论可以感化他人，高尚的行为可以见重于他人。不善的人，为什么要抛弃道呢？所以确立天子，设置三公时，虽然有先献上拱抱的大玉璧、后又献上驷马高车的礼仪，倒不如跪坐着进献此道。古代之所以贵重此道，是为什么呢？不就是说有求就能获得，有罪的就会免除吗？所以道为天下之最贵。

## 【解析】

本章河上公本称为"为道第六十二"，成玄英称"道者章"。帛书甲本缺数字，乙本缺十多个字。竹简本无此章。

老子再次论道至贵，着重揭示"道者，万物之奥"，并又凸显道之"为天下贵"，启示世人当求道、学道、悟道、得道。

先说道至贵。道是万物之主、主宰，因此是善人所应当宝重的，也是不善人之所应当保持的。善人能宝重并运用此宝，不善人保持道则也可以全其身。

比较最贵与诸贵。"美言可以市，尊行可以加人"，这是承接上句的道是"善人之宝"再作申说，美好的论道的言论可以超越所有货物的价值，取得它将会回报丰厚。当然读者都会明了，老子绝不是在谈生意经，将道作为买卖一般，而是用此来比拟道的极其珍贵的价值。崇高的行为可以加于人，引导别人去践行。若要反问，这不是矛盾了吗？老子不是说"信言不美，美言不信"吗？其实并非矛盾，此说的"美言"，是指真正内涵美好深旨之言，而不是外饰的花言巧语之所谓的"美言"。《道德经》五千言就是此"美言",而非彼"美言"。

"人之不善,何弃之有?"这是承接上句的道是"不善人之所保"之申说。不善人是不应该抛弃道的。所以要确立天子,设置三公,是为了推行大道,因此聘问时虽然先有拱抱的玉璧,再有驷马高车的贵重礼物,但是也比不上跪坐着进献此道。因为"道"远远贵重于那些拱璧、驷马!为什么古代如此贵重此道?不就是说,善人以道而求即能获得,有罪者依道即能免罪吗?所以道为天下之贵。道,有求必应,有应必得,有罪必免,贵重于一切宝物,"故为天下贵"。

老子是哲学家,又是史学家,从而使历史的哲学、哲学的历史两相交融,使他不仅动辄言古、称古、美古,而且是不断地因哲而明、以史为鉴,站在历史老人的肩头为一代代来者指引着大道。

# 六十三章

为无为，事无事，味无味。大小多少，报怨以德①。图难于其易，为大于其细。天下难事，必作于易。天下大事，必作于细。是以圣人终不为大，故能成其大。夫轻诺必寡信②，多易必多难。是以圣人犹难之，故终无难矣。

**【注释】**

①怨：仇恨。　②轻诺：轻率许诺。

**【译文】**

作无为之为，办无事之事，体无味之味。无论大小多少的怨恨，都用恩德来回报。图谋难事要从易处着手，做大事要从细处着手。天下的难事，必定从易处做起。天下的大事，必定从细处做起。因此圣人始终不勉强干大事，所以能成就大事。轻易许诺的，必定缺少诚信；把事情看得太容易的，必定会遭遇很多困难。因此圣人仍然看重困难，所以终究不会有困难了。

**【解析】**

本章河上公本称为"恩始第六十三",成玄英称为"为无为章"。帛书甲乙本均甚残。竹简本有此章。

老子论说圣人治天下之道:大事从小事做起,难事从易事做起,不为大而成其大,多难之而终无难,从而渐臻"为无为、事无事,味无味"的"三无"境界。

老子首先揭示圣人治天下的"三无"宗旨与境界,这是说要为无为之为,事无事之事,味无味之味。首出的"为无为",又是宗旨的灵魂,由此再及的"事无事""味无味",皆是"为无为"的引而申之了。

大大小小的怨毒、多多少少的怨恨,若以怨报怨,何时可了?若反过来,"报怨以德",不计他人仇恨,反而用恩德回报,于是有事化为无事。难事、大事都是从容易的、细小的地方着手,然后一点点积聚,最终完成。天下的大事、难事无不如此,且必定遵循此逻辑。老子不仅指出外显层的化大为细、化难为易的路径,而且可以透视其深层,此即为老子"反者道之动"理念的智慧运用。"天下"事的难与易、大与细,譬如"大"为"正",则"细"为"大"之反,反"细"则为反之反,而至于"大"之正了。前面说了化解难事、大事必定先要从易事、小事做起,然而又不能藐视、小视其细、其易。因此再说若轻易许诺,必缺诚信;若多视事为易,必遭多难。因此圣人处事也以为有难,不敢懈怠,认真化解,所以终究无难。至此又见老子表述的一波三折，是渊源于其心思的致密、心智的高卓。

本章在美学上影响深远。味、无味、味无味，成为中国美学上具有丰富内涵和特定审美意象的重要范畴，深刻影响了中国古代美学关于审美观照和文艺审美本质的理论。

# 六十四章

其安易持<sup>①</sup>，其未兆易谋<sup>②</sup>，其脆易泮<sup>③</sup>，其微易散。为之于未有，治之于未乱。合抱之木，生于毫末；九层之台，起于累土；千里之行，始于足下。为者败之，执者失之。是以圣人无为，故无败；无执，故无失。民之从事，常于几成而败之<sup>④</sup>。慎终如始，则无败事。是以圣人欲不欲，不贵难得之货；学不学，复众人之所过<sup>⑤</sup>。以辅万物之自然，而不敢为。

**【注释】**

①持：保持，把握。　②兆：征兆，预兆，迹象。　③泮：通"判"。分解，剖分。　④几（jī）：接近，几乎。　⑤复：返回，此指纠正。

**【译文】**

事物安定就容易把持，事物还没有出现征兆就容易图谋，事物脆弱就容易分解，事物微细就容易分散。要在事情还没有发生的时候早做准备，要在还没有发生混乱的时候就进行整治。合抱大树，是从毫末开始生长的。九层高台，是从一筐筐土的累积起始的。千里的行程，是从脚下的一步步开始的。强行作为的会失败，强行执有的会失去。圣人不强行作为，所以没有失败；不强行执有，所以没有失去。民众干事情，常常在接近成功时失败了。谨慎地对待终结就像对待开始一样，那么就没有失败之事。因此圣人的欲望就是没有欲望，不贵重难以得到的东西。他学习的是人所不学的，要纠正众人的过错。圣人以此来辅助万物的自然而然，而不敢有为。

## 【解析】

本章河上公本称为"守微第六十四"，成玄英称"其安章"。帛书甲乙本均甚残。竹简本有此章，但是分为两部分，不连在一起。

本章紧承上章主旨引申而论，因联系紧密，有些学者认为上下两章可以合并为一章。

上章老子提出了"图难于其易"，本章再具体阐述，即把握四种态势而去化解难题、消解难事，达到"四易"。事物在安定态势下容易保持，事物还没有征兆出现就容易图谋。事物处于脆弱、微小的态势下容易分解，及时处理还属"易"。再晓明"未有"时已应"为之"，且又回应了开头的"其安""其未兆"之说；而"未乱"时已当"治之",又回应了"其微""其脆"之说。这些皆表明要把问题解决在萌芽状态,防患于未然。

"合抱之木,生于毫末","合抱之木"是由"毫末"渐生渐长。"九层之台,起于累土","九层之台"是从"累土"肇始,堆积而成。"千里之行,始于足下","千里之行"是从第一步开始,渐行渐远的。这一千古名言,形象表明成功是由小而逐渐累积起来的。

再说规避失败的智慧。失败有两端,强行有为者遭败,强行执着者遭失。尤其可惜的就是民众中常见到快接近成功了,却失败了。本章开头说"未兆""其微"时要"慎始",这里又讲"慎终",可见"慎"应该贯彻全过程,"慎终如始"的警钟真当长鸣!

最后再树圣人典范:"欲不欲,不贵难得之货;学不学,复众人之所过。"贪欲之门一开,目则盲,耳则聋,口则爽,心则发狂,行则妨,这里可与十二章所描述的内容对照,尤可豁然贯通。圣人又以不学为学,不去学众人所谓的学,要纠正众人所谓的学,而返回到正确的路途上来。又《老子》全书多次言"自然","自然"就指本来如此、自我如此、自我作成、自我做到,是不藉人为的自然而然。客观存在的"自然界"确实是符合老子所说的自然而然的。

# 六十五章

古之善为道者，非以明民，将以愚之。民之难治，以其智多。故以智治国，国之贼①；不以智治国，国之福。知此两者，亦稽式。常知稽式②，是谓玄德。玄德深矣，远矣，与物反矣，然后乃至大顺。

**【注释】**

①贼：危害。　②稽式：指准则，法式。傅奕本、帛书本亦均作"稽式"，河上公本为"楷式"，其意涵一致。

**【译文】**

古代善于遵行道的人，不是用道来使民众聪明，而是要用道来使得民众拙朴。民众的难治理，是因为他们的智巧太多。所以用智巧来治理国家，那是对国家的危害；不用智巧来治理国家，是国家的幸福。知晓二者的差别，也就懂得了基本的法则。常常知晓这一法则，就称为玄妙的德行。玄妙的德行深邃啊，幽远啊，与万物共同返回了道，然后才达到完全顺应自然。


【解析】

本章河上公本称为"淳德第六十五"，成玄英称"古之章"。帛书甲乙本均缺数字。竹简本无此章。

本章老子再论治政之道：是以智治国，还是不以智治国？此中"玄德"深邃奥妙，老子深心赞美神圣、玄妙的德行！

老子先揭示古代"善为道者"之典则，否定"明民"，选择使民愚。此"愚"是质朴、诚朴之意。"愚之"，是要让民众返回于此。"民之难治，以其智多。"这既是历史的概括，也是现状的写实，又是往后的预言。在下对上的"对策"中，往往就少不了智巧、欺诈的东西。后代法网越编越密，但钻空子之"智"也越多，然而老子卓识"天网恢恢，疏而不漏"！

用智巧来治理国家，是对国家的危害。河上公注："使智惠之人治国之政事，必远道德，妄作威福，为国之贼。"王弼注："民之难治，以其多智也。当务塞兑闭门，令无知无欲。而以智术动民，邪心既动，复以巧术防民之伪，民知其术，防随而避之。思惟密巧，奸伪益滋，故曰'以智治国，国之贼'也。"凸现了"智""反智"在治国时的两种迥异的途径与结果。

再点醒治身治国之智：老子既肯定了成功的正面稽式，又否定了遭败的反面"稽式"。正反互观，孰祸孰福，知彼知此，即可了然。"玄德"是老子深心赞美的神圣之德行,确实,万物之玄同,谷神之玄牝,有无之玄妙,若非涤除玄览,则不能至于玄同,臻于玄通。当然深层又必具玄德,方能洒脱地出入众妙之门。

老子是否主张"愚民"?柳诒徵《中国文化史》有评:"老子之所谓'愚民',则欲民愚于人世之小智私欲,而智于此真精之道,反本还原,以至大顺。故以后世愚民之术,归咎于老子者固非;但知老子主张破坏一切,不知老子欲人人从根本上用功者,亦绝不知老子之学也。"老子的终极理想是返归一个本真的社会,统治者做到无为而无不为,民众则恬淡不争,在那里没有尔虞我诈,没有巧智伪慧,没有坑蒙拐骗,而以最纯真之心、淳朴之情彼此对待。

# 六十六章

江海所以能为百谷王者①，以其善下之，故能为百谷王。是以欲上民，必以言下之；欲先民，必以身后之。是以圣人处上而民不重，处前而民不害。是以天下乐推而不厌②。以其不争，故天下莫能与之争。

**【注释】**

①王：此指同类中最突出者、长者。或释"王"为"往也"，"百谷王"谓为百川之所归往，故能为百谷长也。此如朱谦之说。　②推：推戴，拥护。不厌：不嫌弃。

**【译文】**

江海之所以能成为百谷之王，是因为其善于处在它们的下面，所以能成为百谷之王。因此圣人想要处于民众之上，必须用言语处于他们的下面；想要处于民众的前面，必须将自身处于他们的后面。因此圣人处上面，而民众不以为重压；处在前面，而民众不以为危害。因此天下人乐意推戴他而不厌恶他。因为圣人不想与人争，所以天下没有谁能与他相争。

## 【解析】

本章河上公本称为"后己第六十六"，成玄英称"江海章"。帛书甲乙本均缺数字。竹简本有此章。

老子论述治政之道就要像江海一般成为百谷之王，治政者必定要以言下之，以身后之，以己不争，然后才能够处上、处前，而天下莫能与之争。

老子将"水"的深层意蕴归至于"道"，演绎出天道与人道的哲思来。本章出现的"江海"，其实际词义又偏重于"海"，因为大海比江水更处下，江水则日夜奔流灌注于大海，故大海才是真正意义上的"百谷"之"王"。由"百谷王"之天道而转论人道，是以欲居于民之上，首先"必以言下之"，其次"必以身后之"，由言而至于行，则必定将自身处于民众的后边。如此才能"先民"，才能成为"天下王"。唯其如此，民众才乐意推戴他，乐意被他领导且毫不厌恶他。詹剑锋《老子其人其书及其道论》认为，总观老子的政治原理，具有"所谓民主的意味者"，则以老子所理想的天下执政者，不是世袭的王侯卿大夫，而是由人民推选出来的有道者。此说也可供参考。

最后，归结为一个核心理念，即是"不争"。正因为"不争"，所以天下没有谁能与之争。惟贱为尊，惟容为大，惟下为王，惟不争而莫能与之争，均是卓越的辩证逻辑智慧，更是老子所揭示的人生境界。

如果再体味大海的意象，就会对"不争"到"天下莫能与之争"的理念豁然开朗。大海最善于不争、最善于处下。它静默地处于谷之下、溪之下、川之下、江河之下，不弃涓滴，不厌溪流，而广纳百川，厚积久累，终成浩瀚大海，而为百谷之王。这就是老子心目中名副其实的"天下莫能与之争"的哲思意象。

# 六十七章

天下皆谓我道大①，似不肖②。夫唯大，故似不肖。若肖，久矣其细也夫。我有三宝，持而保之：一曰慈③，二曰俭④，三曰不敢为天下先。慈，故能勇；俭，故能广；不敢为天下先，故能成器长。今舍慈且勇⑤，舍俭且广，舍后且先，死矣。夫慈，以战则胜，以守则固。天将救之，以慈卫之。

**【注释】**

①我道大：或作"吾大""我大"，此"吾""我"即指"道"。"我"全书出现十九次，均作第一人称代词。　②肖：类似、相像。《说文》："肖，骨肉相似也。"　③慈：爱。《说文》："慈，爱也。"　④俭：《说文》："俭，约也。"段注："约者，缠束也。俭者，不敢放侈之意。"　⑤且：通"挓"（zhā），取，抱。下文"且"字同。或释为况且、尚且，文义也通。

**【译文】**

天下的人都认为我道是大的，不像任何的东西。正因为大，所以才不像任何的东西。如果像的话，它早就显得细小了。我有三个宝，把持而保守它们：第一个是慈，第二个是俭，第三个是不敢为天下先。慈，所以能够勇敢；俭，所以能够广盛；不敢为天下先，所以能够成为万物的君长。如今若舍弃慈，而取勇敢；舍弃俭，而取广盛；舍弃处后，而取居先，那就得死亡。慈爱，用来征战就能战胜；用来守卫就能坚固。上天将要救助他，就用慈爱来护卫他。

**【解析】**

本章河上公称为"三宝第六十七"，成玄英称"天下章"。帛书甲本甚残，乙本基本全。竹简本无此章。

本章老子再论道之所以大，并揭出人生"三宝"，即"慈""俭""不敢为天下先"。

道，其体大、义理大、效用大，主宰万物之大，而无物可肖、可比、可拟。因为大道其外无外，其内无内，深渗一切，驾驭一切。如果道有物体可肖、可像、可比拟的话，那么道就是细小的了。

"慈"为一宝。慈与爱、恩、惠是联结在一起的，是一种爱之心、情、意，且又化为关爱的行动，可施加于一切，不管是有生命的，还是无生命的。慈爱出于内心，而恩惠被及物与人。"俭"为又

六十七章

一宝。这不能仅理解为财用的节俭，还在于各方面约束自己。人如能明俭，则使富者不极其欲，贵者不博其高，尊者不炫其上，骄者不居其傲，奢者不夸其侈，贪者不图其多，淫者不矜其荡。人若有放纵，任其恣肆，天性就为外物汩没。若能抑制心灵的贪欲，控制行为的张狂，便由"俭"而至吉祥。"不敢为天下先"为又一宝。世俗的智慧是欲抢先机，占上风，敢为人先，"先下手为强，后下手遭殃"。老子却提倡"处下""守柔""无为"且"不争而善胜"，然而掌握不好，会有负面效应，变成一味退让畏缩、唾面自干，而老子的深意是让你最后获得胜利，而不是沦为奴仆。

慈能勇，是人道的规则。慈母为保护子女而显大勇，士兵为报效国君赴汤蹈火在所不辞。俭能广，先俭则然后能广。财用节俭则广富。国君重战卒，不轻易发动战争，则民众多，国土广。"不敢为天下先"，却终成万物之长。这些都能佐证"三宝"智慧。

老子针砭世人的过失，当明"三舍三且（取）"。若舍弃"慈""俭""后"，而去取"勇""广""先"，那就是舍弃了此"生"，而自取那"死"了。再揭明"慈"为宝中之宝，若遇患难，上天将会救助他，用慈来护卫他。人们若真能得到并保持"三宝"，祥瑞之事便会不断出现。

# 六十八章

善为士者不武①，善战者不怒，善胜敌者不与②，善用人者为之下。是谓不争之德③，是谓用人之力，是谓配天④，古之极⑤。

**【注释】**

①士：此指将帅，军队首领。王弼注："士，卒之帅也。"武：逞勇武。王弼注："武，尚先陵人也。" ②不与：不与之交战、对阵。 ③是：此，这。 ④配天：符合上天、天道。配，匹配、配合。 ⑤极：极则，最高准则。

**【译文】**

善于做将帅的人不逞勇武，善于作战的人不轻易被激怒，善于战胜敌人的人不与敌人对阵，善于用人的人对人谦下。这就叫作不争的德行，这就叫作使用他人的力量，这就叫作符合自然的道理，是古代的最高准则。

【解析】

本章河上公本称为"配天第六十八"，成玄英称"古之章"。帛书甲乙本均基本全。竹简本无此章。

本章讲述如何善领兵、善战、善胜、善用人，如何"配天"，体现老子谈兵法的特点，是重在战略上、妙在哲学上、系在道德上、联在政治上。

说"四善"之"不为"与"为"。善为将帅的，不崇尚先用武力侵犯他人。善战者不怒，若怒则理、智、谋、虑俱失。《孙子兵法》云："主不可以怒而兴师，将不可以愠而致战。"善于战胜敌人的，能够不与敌人对垒，却能胜之。比如用政治上的方法，外交的方法，以及瓦解、分化的方法等等。善于使用人的，能够处于对方的下面。人能谦下，则物归之。

再说"三是谓"之智慧。"是谓不争之德"，"不争"是老子核心理念的关键词，其"不争"之道意蕴丰厚：从表层看，水不争而有利万物，人当效法水之不争；从深层看，聚焦于天道之不争，人当法地、法天、法道、法自然；从结局来看，不争则不仅无尤，且可制胜，如江海能为百谷之王；从"不争"的方式方法来看，本章就提出了"不武""不怒""不与""为之下"等。"是谓用人之力"，指借用对方的力量求得自己的胜利。"是谓配天，古之极"，指与天相比相并，相配相符，是古代的最高法则。

本章的主旨，高亨说是"老子的军事政治论"："军事家要精通战略战术, 会用智谋, '以奇用兵', 所以'不武''不怒'"; "政治家要从政治上战胜敌人, '不以兵强于天下', 所以'不与'"; "战争与守卫均依靠人民的力量, 统治者使用人民要谦卑, '为之下'"(《老子注译》)。老子主张非战去兵, 又揭示以战反战, 以兵去兵, 真是高明的相反相成。这种战略战术, 今天仍不失其价值。

# 六十九章

用兵有言：吾不敢为主，而为客，不敢进寸，而退尺。是谓行无行①，攘无臂②，扔无敌③，执无兵。祸莫大于轻敌，轻敌几丧吾宝④。故抗兵相加⑤，哀者胜矣⑥。

## 【注释】

①行（háng）无行（háng）：摆布的是没有行列的行列。行，行列，行阵。前一"行"为动词，后一"行"为名词。　②攘：捋袖举臂。　③扔：牵引，拉。或说面临、靠近的意思。　④几（jī）：接近，几乎。　⑤抗：匹敌。或释为举，《广韵》："抗，举也。"王弼注："举也。"相加：相当。王弼注："加，当也。"有的本子作"相若"，也是相当的意思。　⑥哀：慈悲，慈爱，怜悯。《释名》："哀，爱也。爱乃思念之也。"

## 【译文】

用兵有这样的话："我不敢做先发动作战的主方，而只作为应战的客方；不敢贸然进犯一寸，而宁可后退一尺。"这是说虽有行列又似没有行列，虽要奋臂出击又似无臂可举，虽要牵制敌人又似没有面临敌人，虽有兵器又似没有兵器可持。祸害没有比轻敌更大，轻敌几乎丧失了我的法宝。所以双方举兵相当时，心怀慈悲的一方可以获得胜利。

## 【解析】

本章河上公本称为"玄用第六十九"，成玄英称"用兵章"。帛书甲本全，乙本也基本全。竹简本无此章。

本章老子继续谈兵，如战争中主客、进退，以及哀兵必胜等问题，凸现其军事思想之辩证法与兵法原则。

战争中主与客、进与退的处理，老子选择的是客与退，最后却要逆转为"反客为主""以退为进"，取得用兵的主动权。老子的"四无"说，可与《孙子兵法·虚实》——"善攻者，敌不知其所守；善守者，敌不知其所攻。微乎微乎，至于无形；神乎神乎，至于无声；故能为敌之司命"——相参照。

轻敌是最大的祸害。原因是会放松自己的警惕，滋长出各种骄傲、殆惰，矛盾与危机便会乘虚而入，袭之不断，乃至于"几丧吾宝"，即丧失慈之宝、民之宝，当然再引申下去，那么还有国之宝，更有至宝便是道了。

"故抗兵相加，哀者胜矣"，成语"哀兵必胜"出于此。若再细说：因不得已而迎战，是一哀。因被逼反抗，是二哀。因对方贪欲而发动战争，是哀他。因对方无知而侵犯，又是哀他。由哀而悲，悲而悯，悯而慈，慈而爱，故此哀悲、怜悯可感可激，如此哀兵，战则必胜！

　　老子的战争道德以"哀"渗透其中，以"哀"而不得已迎战，以"哀"作为取胜的一个要素，又以"哀"来处理战胜后的事务。再说，战争中渗透着的"哀"就是渗透着"慈"，是"慈"之宝在战争中的妙用。"故抗兵相加，哀者胜矣"已经不是一个孤立的命题，而是镶嵌在老子整个军事智慧链上的一环，这一环是连着其他环节的，比如出奇兵、不轻敌、以柔克刚，比如双方力量相当等等。可见"哀兵"是和其他因素共同起作用的，如此才能必胜。《孟子·梁惠王上》有成语"仁者无敌"，也可以与"哀兵必胜"互观共察。

# 七十章

吾言甚易知，甚易行；天下莫能知，莫能行。言有宗①，事有君②。夫唯无知③，是以不我知。知我者希④，则我者贵⑤。是以圣人被褐怀玉⑥。

**【注释】**

①宗：主旨，宗旨。　②君：主宰。　③唯：因为。　④希：少。此义后来写作"稀"。　⑤则：效法。　⑥被（pī）：通"披"，披着，穿着。褐：粗麻或兽毛编织的短衣。

**【译文】**

我的言论很容易知晓，很容易施行；但是天下没能知晓，没能施行。我的言论是有宗旨的，要做的事是有主宰的。正因为人们对于道无所知，因此也就不能知晓我。知道我的人稀少，效法我的人尊贵。因此圣人穿着粗劣的衣服而内里却怀着宝玉。

**【解析】**

本章河上公本称为"知难第七十",成玄英称"吾言章"。帛书甲本缺数字,乙本全。竹简本无此章。

本章老子论知行之道,在世人与"我"之间的相左相悖之中,既感慨自己学说的遭遇,又坚信其价值的永恒。

老子认为"吾言"本是易知易行,然而世间却莫知莫行;若能"涤除玄览",体悟其道,便能得其知行。遵道而行则用不着去有为,而能"无为而成"。然而,当一颗心灵被"躁"与"欲"所蒙蔽,则莫能知;被"荣"与"利"所污染,则莫能行。从老子现实处境看,这与当时的时代主流理念格格不入,因此龃龉抵触是必然会发生的。若从时代的变迁来看,随波逐流的后世理念与老子从源头上阐扬的本真的大道宗旨已经越来越远,代沟越来越深。老子阐述的是最深层的、最核心的大道玄德,若仅作表面浅层的观察,当然莫知其内核,莫能得其真谛了,故非深入其内,非抉其真髓,不能知与行!

老子称自己的"言"与"事"是有宗有信的,而深层的本源就是大道。"唯无知,是以不我知。"反思自己的遭际与原因,是因世人的"无知"而导致了"不知"。当然一方面是我不强求人知,另一方面是大道也不能以世俗之智求知。人们既于大道无知,也就不能真的知晓我,然而可惜的是大道应有的作用与价值也被遗失了。俗谚"物以稀为贵",或许在这里又一次被验证了!

　　"圣人被褐怀玉"，这是圣人处世的经典刻画，于外不显山露水，于内则怀抱瑰宝，道在心中。"被褐"言其简陋，"怀玉"言其珍贵，两者构成鲜明的对比与反差，然而却可毫不矫揉地构成一体，达到"其德乃真"，又"和光同尘"的境界。

　　本章的"知行"之说，是哲学史上的一个长期论辩的问题。中国历史上有不同的看法，如"知易行难""知难行难""知先行后""知后行先""知行合一""分知分行""知难行易"诸说。老子倡导推行的，当是后世所谓的"知行合一"之说。

# 七十一章

知不知，上①；不知知，病。夫唯病病②，是以不病。圣人不病，以其病病，是以不病。

**【注释】**

①上：上等。帛书作"尚"，通"上"，或释为高尚。　②唯：因为。病病：把病当作病。病，指弊病、毛病、缺点、错误等。

**【译文】**

知道了却不自以为知道，是上等。不知道却自以为知道，这是弊病。正因为把弊病看作病，因此会没有弊病。圣人没有弊病，是因为他以弊病为病，因此不会有弊病。

**【解析】**

本章河上公称为"知病第七十一"，成玄英称"知不知章"。帛书甲本缺数字，乙本仅缺一字。竹简本无此章。

老子接续上章再述认知之道，纠正"不知"为知的弊病，从而可至于"不病"。

"知不知，上；不知知，病。"前半句可分析为两种句意：一是，知道那些不知道的，则为上。二是，知道了却不以为知道的，则为上。后半句"不知知，病"之句意是：不知道还以为知道，是病。不懂装懂，不懂自以为懂，岂不是犯病了吗？在古代"疾"与"病"有程度上的不同，病比疾重。这里"不知知"所犯之"病"，即为愚蠢、昏昧之病，是心理、心灵之病，也是人生之大病。

"夫唯病病，是以不病。"这一句与上句粘连而下，做出巧妙的逆转：病—病病—不病。正因为能正视弊病、重视弊病，而不是回避、掩盖，就能避免这种弊病，也就不会再有弊病了。此辩证法可为其名言"反者道之动"提供又一范例。

最后，"圣人不病，以其病病，是以不病"。为世人树立圣人之典范，圣人就是因其能"病病"，所以能成为"不病"的楷模。圣人是知而不知，若愚若晦，像这样知晓道的人太少了；而他人是相反的，以不知为知，像这样不知晓道却妄以为知的人又太多了；而如果让妄知的人自知其病，以之为病，那就除去了病根。

本章一共才三句，既粘连而下，又曲折转换，然智慧融贯，意蕴丰足。其用字犹如绕口令一般，颠倒与重复、不变与微变、回环与曲折，交叠在一起，如入文义之迷宫。然而只要稍微变换一下，就可以很清晰地解读出其中的要义。本章修辞很讲究，全章仅二十八字，"知"字出现四次，"病"字出现八次，"不"字出现五次。"知""病"或作动词、或作名词，词性变幻；又与"不"巧妙组合，或肯定或否定，或否定之否定；又或因或果，又互为因果。这种类似绕口令式的修辞手法极其巧妙，足见老子思辨与语言密契的不凡造诣。

# 七十二章

民不畏威①，则大威至②。无狎其所居③，无厌其所生④。夫唯不厌⑤，是以不厌⑥。是以圣人自知不自见⑦，自爱不自贵。故去彼取此⑧。

**【注释】**

①威：威压，欺凌。　②大威：指大祸乱。　③狎（xiá）：胁迫，禁锢。河上公本作"狭"，帛书甲、乙本作"闸""伊"。　④无厌（yā）：无压制，无压迫。厌，通"压"。　⑤唯：因为。不厌（yā）：不压制，不压迫。　⑥不厌（yàn）：不嫌弃、不厌恶。　⑦自见（xiàn）：自我表现、夸耀。见，显现。　⑧彼：指自见、自贵。此：指自知、自爱。

**【译文】**

民众不畏惧统治者的淫威，那么对统治者来说最可怕的祸乱就到来了。不要禁锢民众的居处，不要压迫民众的谋生。正因为不压迫民众，因此民众也就不厌恶统治者。因此圣人有自知之明，而不自我显现；能自爱而不自视高贵。所以要含去后者，而取得前者。

## 【解析】

本章河上公称为"爱己第七十二"，成玄英称"民不畏威章"。帛书甲本甚残，乙本全。竹简本无此章。

老子再论治民之道：施暴政则必导致"大威至"，因为"民不畏威"，故当明智地做出"去彼取此"的选择。

老子对民心、民情、民意、民生有着自己的睿识，多次揭示"民不畏死"。老百姓是无畏的，不怕死，且具有极强的反抗意志和力量。这些平时又是潜伏、隐形、内敛、归顺、平和的，然而一旦民众被逼得走投无路时，便反弹为显性的反抗，甚至是暴风骤雨、摧枯拉朽般的起义与造反。这是老子之前以及之后的许许多多的历史事实所证明的。

老子告诫治政者之"二无"：一是"无"逼迫、封闭百姓的"所居"，而要让民众能有自由活动的空间、自在生活的环境，即安居自由；一是"无"逼迫民众的"所生"，即能乐业谋生。这样的政局，民众也就不会厌恶治政者，因为民众不被压迫。

"是以圣人自知不自见，自爱不自贵。故去彼取此。"自见者不明亦不自知，自知者则明性而不妄为；自贵者不智亦不自爱，自爱者保身而不胡作。所以当去彼之"自见"与"自贵",取此之"自知"与"自爱"。在取舍之际,老子往往会明确地指点孰取孰舍。

本章的修辞智慧,钱钟书有赞评。《管锥编》剖析了老子用字法善于"一字双关两意"。"夫唯不厌,是以不厌",虽解释不一,但他自有见解:按此又一字双关两意,上"厌"乃厌(餍)足之"厌",与"狎"字对,下"厌"乃厌恶之"厌"。正如七十一章:"夫唯病病,是以不病";第一"病"即"吾有何患"(十三章)之"患"、"绝学无忧"(二十章)之"忧",第二、三"病"即"无瑕谪"(二十七章)之"瑕"、"能无疵乎"(十章)之"疵"。此外他还举例,如《老子》之"道可道""不厌不厌""病病不病",像这样的修辞机趣、文字游戏,狡狯可喜,脍炙人口。

# 七十三章

勇于敢则杀①，勇于不敢则活。此两者，或利或害。天之所恶②，孰知其故？是以圣人犹难之③。天之道，不争而善胜，不言而善应，不召而自来，绰然而善谋④。天网恢恢⑤，疏而不失。

## 【注释】

①敢：指敢于逞强。　②天：天之道、天道，指宇宙规律，包括自然规律等。　③此句，严遵本、景龙碑、龙兴观碑、敦煌写本均无。学者或认为是古代注解误入了正文，认为当删除。　④绰（chǎn）然：宽缓、坦然的样子。《说文》："绰，带缓也。"本指丝带宽缓。河上公注："绰，宽也。"⑤恢恢：恢宏，宏大。《说文》："恢，大也。"

## 【译文】

勇气用于逞强争胜就会死，勇气不用于逞强争胜就会活。这两种勇气，有的得利，有的受害。天道所厌恶的，谁知道它的缘故？因此圣人尚且还难于知晓天道。天道的规律，不争却善于取胜，不言说却善于应答，不召唤却自己来到，宽缓却善于谋划。天道的罗网极其广大，网孔虽很稀疏却不会漏失。

**【解析】**

本章河上公称为"任为第七十三"，成玄英称"勇于敢章"。帛书甲本甚残，乙本有缺字。竹简本无此章。

本章老子告诫处世要舍弃"勇于敢"之刚强，应取"勇于不敢"之柔弱。又揭示天道之深邃莫测，其中"天网恢恢，疏而不失"之说永垂千古。

坚强者即指"勇于敢"，柔弱者即是"勇于不敢"，然而利害之别、生死之判明矣！"天之所恶，孰知其故？是以圣人犹难之。"这里是再由人事提升至天道来剖视，天道所厌恶的是"勇于敢"，然而谁又能真正懂得此中的道理呢？就连圣人也以此为难，更何况缺乏圣人明智的普通人呢！正因为天道之理难晓，所以老子再次揭示了"天之道"，即自然之道的四大特点：不争而善胜；不言而善应；不召而自来；绰然而善谋，即安而不忘危，未兆而谋之。

"天网恢恢，疏而不失"，成为千古警句。这句形象地揭示天地万物彼此联系，相互制约，秩序森严，真若恢恢天网，纲举目张，虽疏不失，无所不包。苏辙注："世常侥幸其或然，而忽其常理……世以耳目观天，见其一曲而不睹其大全，有以善而得祸、恶而得福者，未有不疑天网之疏而多失也。惟能要其始终而尽其变化，然后知其恢恢广大，虽疏而不失也。"老子创造性地将经验世界的实存性之"网"，超悟为非经验世界的无网之网的"天网"，虽稀疏不显，然周而不漏，网罗一切。后转化为"法网恢恢，疏而不漏"，更是世人尽知。

张默生曾评此章："后半是讲道用的。'用'与'体'不能分，'体'是体此用的，'用'是用此体的。道之体，是不争，不言，不召，绰然；其用，便是善胜，善应，自来，善谋。故其体是'无为'，其用是'无不为'。道之体，是大而无所不包；其用是细而不至于遗。试问谁能在此大力中显勇敢呢？"（《老子章句新释》）

吴澄将本章与下章合为一章，魏源遵循之，并有解读；因而本章与下章可联系并读。

# 七十四章

民不畏死，奈何以死惧之<sup>①</sup>？若使民常畏死，而为奇者<sup>②</sup>，吾得执而杀之，孰敢？常有司杀者杀<sup>③</sup>。夫代司杀者杀，是谓代大匠斫<sup>④</sup>。夫代大匠斫者，希有不伤其手矣。

**【注释】**

①奈何：此表示如何、怎么。　②奇：不正，指为逆作乱。③司：掌管。　④大匠：手艺高明的木匠。《说文》："匠，木工。"斫（zhuó）：砍，击。《说文》："斫，击也。"

**【译文】**

民众不怕死，又怎么能用死来使他们畏惧呢？如果使民众常常害怕死亡，却还有去为逆作乱的人，我就拘捕而杀掉他，谁还敢不服呢？平常有专管杀人者来杀人。凡是替代掌管杀人的去杀人，这就称为替代大匠去砍木头。替代大匠去砍木头的，很少有不伤害自己的手的。

## 【解析】

本章河上公称为"制惑第七十四",成玄英称"民不畏死章"。帛书甲本缺数字,乙本基本全。竹简本无此章。

本章中老子再次对民心民情进行了揭示,警告统治者不可滥施暴政酷刑,否则将自食其果。本章可以与十七章、三十一章、七十三章联读共悟。

"民不畏死,奈何以死惧之?"这一名言被中外无数次雷鸣电闪般的起义所证明。人均"畏死",然而苛政使民逆转为"不畏死",治政者则要由民之"不畏死"再逆转至"畏死"。至此若还有"为奇"而"不畏死"者,则"杀之"。如此一来,便不敢再有"为奇者",而均回归于"畏死",也均归于不"为奇"了。老子行文曲折而绵密,思想深邃而显豁,两者密契地相辅而行,产生强烈的震撼力量。朱元璋,这位靠造反起家而最后做了明代开国皇帝的人物,读到老子这话时,灵魂被震慑了!他自己不就是"民不畏死"的典型吗?他感悟到当时施行极刑的不妥,于是停止极刑改为囚役。魏源《老子本义》:"明太祖读'民不畏死,奈何以死惧之'之语,恻然有感,乃罢极刑而囚役之,不逾年而心减。""奈何"是从历史的深层提出的反问,又是对一代代后来者高悬的警告。

再转而谈"司杀"之道。融通而观,最上者为天、天道,若违反道,则道杀之;其次为法律,若触犯法,则法杀之;再次是主管刑律的执行部门;最后是具体的执行者。在这一个逻辑系统中,不应该出现"替代"的情况,因为一经"替代",那就是人为地搞乱了其中的秩序与逻辑,就像替代大匠斫木一样,很少有不砍伤自己的手的。若有越位者便会自受祸殃。老子既目睹当时乐杀人的现实,又知晓历史上以杀人为乐的史实,从而提出警告,于民众不能滥杀、乐杀,而应当是止杀!

# 七十五章

民之饥，以其上食税之多①，是以饥。民之难治，以其上之有为，是以难治。民之轻死，以其上求生之厚②，是以轻死。夫唯无以生为者③，是贤于贵生④。

**【注释】**

①上：君上，统治者。食税：收税。　②生之厚：即厚生，追求生活的丰厚优裕。　③唯：只有。　④贤：胜，胜过。

**【译文】**

民众遭受饥饿，是因为统治者所收的税太多了，因此遭受饥饿。民众难治理，是因为统治者的有为而治，因此难以治理。民众之所以看轻死亡，是因为统治者只顾自己生活得优厚，因此民众看轻死亡。不把厚生作为欲望的人，胜过了贵重厚生的人。

**【解析】**

本章河上公称为"贪损第七十五"，成玄英称"民之饥章"。帛书甲乙本均仅缺一字。竹简本无此章。

老子在本章揭示出社会常见的三大主要矛盾，并深刻地分析其中的原因，提出化解的方法。

老子关心民生，主张低税收，指出民众遭受饥饿，是因为统治者收税太多。"上之有为"，指统治者只凭自我的意志、愿望、欲望，而不遵循客观规律去妄为、乱为、胡作非为。这样不仅扰民、疲民、弊民，而且使人巧诈日增、滋伪日甚、人心日劣，这就难治了。老子犀利地从三个方面揭露社会矛盾，每一方面均按照"状况—原因—结果"之序展开。表面上看，"状况"（如"民之饥"）与"结果"（如"是以饥"）似乎显得重复，其实老了正凸现了今口出现的"状况"，乃是由其前"因"而渐至其后"果"的必然逻辑，且结果与状况的吻合，恰恰证明了此逻辑链的正确无疑。

老子又睿智地提出化解矛盾的关键，是在上而不在下，是在统治者而不在民。如果统治者不以穷奢极欲的优养生命为要事与欲望，这就胜过了贵生。"贵生"，是以养生为贵，以厚生为贵，以求生之厚为贵。再如君王能做到恬淡、虚静、无为、好静，这就比追求享受、丰厚养生要显得高明。如果"其上"能够做到"无以生为者"，那么下民也就自安，国家也就安定大治。这一切不就是胜过"贵生"，胜过了"以生为者"？

　　老子揭示诸多社会矛盾的对立两方中，起主导作用的是"其上"。因而问题的关键之关键，又在于"其上"是否"以生为者"。老子智慧的深远，数千年之后读之思之，照样振聋发聩！

# 七十六章

人之生也柔弱，其死也坚强。万物草木之生也柔脆，其死也枯槁。故坚强者死之徒<sup>①</sup>，柔弱者生之徒。是以兵强则不胜，木强则兵<sup>②</sup>。强大处下，柔弱处上。

**【注释】**

①徒：类、群，类属。 ②强：坚硬。兵：指遭砍伐。或说《列子·黄帝》《淮南子·原道训》均引作"折"，指折断的意思。

**【译文】**

人活着的时候是柔软的，人死后是僵硬的。万物草木活着的时候是柔软脆弱的，它们死后是枯槁的。所以坚强的东西是属于死亡一类，柔弱的东西是属于生存一类。因此用兵逞强则不能胜利，树木强大则会被砍伐。强大处在下，柔弱处在上。

**【解析】**

本章河上公称为"戒强第七十六",成玄英称为"人之生章"。帛书甲本全,乙本残缺数字。竹简本无此章。

老子在本章再次警示人们应当重视柔弱与坚强之间的得失与取舍,并能践行此中的妙道。

人生之时,生气灌注,筋骨柔弱。初生的婴儿更是又柔又软,然而生机无限。人死之时,生气已灭,故筋骨僵硬。自然界的一切,蕴涵着无限启示,均有其道渗透。万物草木之生死,也与人之生死有共通的道理。试看春风中初绽乍放的嫩黄柔软的柳芽,再看秋冬被折断的断枝残干,不就是自然密码的外显?

"坚强"为一般世俗所称誉,老子则看到它由正面至于反面的走向,而终归"死之徒"。"柔弱"往往为一般世俗所贬斥,老子却要校正人们的误识,故辩证地揭示其由柔弱而终至"生",归属于"生之徒"。老子将自然界中人、植物、动物等的生死现象,从深层湛思并升华为一种哲理。

老子主张贵柔守柔,贵弱守弱,而贬刚、斥坚、弃强,故柔弱处上,居上位,而强大、坚强则处下位。大能载小,而小不能载大;重能载轻,而轻不能载重。比如大树之根、树木之干强大而重,处于下;枝叶小而柔且弱,处于上。想要真正强大,又必须能"处下",比如大海处于众水之下,唯其如此,才能成为百谷之王。国君之"处下",才能成为天下之主。触类旁通,如在管理上,已渐行渐强，而一旦思维观念与机制经验被凝固僵化，则渐成桎梏，亦必将见"其死也坚强"。

"兵强则不胜"或许只是简单的逻辑联系，未必是辩证法的透视，仅是一种反思和警醒。若为"兵强"而消耗巨大，国库空虚，百姓穷竭，民生凋敝，战而不能胜者，中外历史载录者绝不少见。再如恃强而骄，炫耀武力，穷兵黩武，由此招祸速败者屡见不爽。对此军事思想当辩证看待，老子并非全盘否定"兵强"，而是要把握此中玄妙之道。

# 七十七章

天之道①，其犹张弓与②？高者抑之，下者举之；有余者损之，不足者补之。天之道，损有余而补不足。人之道则不然，损不足以奉有余。孰能有余以奉天下？唯有道者。是以圣人为而不恃③，功成而不处，其不欲见贤④。

**【注释】**

①天之道：天道，即自然规律。　②其：语气词，此表示反问、反诘。张弓：把弦施加在弓子上，或说拉开弓。《说文》："张，施弓弦也。"相对的是"弛"。与（yú）：句末语气词，表示反问。③恃：依靠，凭借。　④见：同"现"，显现。

**【译文】**

自然界的道，不就像把弓弦安在弓上吗？高的就把弓弦压低，低的就把弓弦升高；有剩余的就把弓弦减损，不够的就把弓弦增补。自然界之道是减损有余的，而增补不足的。人世间之道则不这样，减损不足的，而供给有余的。谁能够将有剩余的来供给天下的人？唯有有道的人。因此圣人有所为而不自恃贤能。功劳成就而不居功，他不想显现自己的贤能。

**【解析】**

本章河上公称为"天道第七十七"，成玄英称"天之道章"。帛书甲本甚缺，乙本残缺数字。竹简本无此章。

本章精辟揭明自然之天道与社会之人道的异同，指出人世间的榜样唯有道者。若此才能效法天道，而与天下相忘于自然而然之中。

老子从张弓得到启发，从而成为喻"道"的又一著名意象，且将意蕴开掘得精彩生动。弓弦施加上弓，如果弦位高了，就要往下抑，下移到恰到好处的地方，保证最佳的弹射力；相反，如果弦位太低下了，就要上移，务必调整到最佳位置。如果施加的弓弦太长而有余，就减损它；相反，弓弦太短而不够，就增补它。

老子由此"取象比类"，推断出天道是损减有余的，而增补不足的，经过减损，最后的状态是均衡与和谐。从制作一张弓来说，要权衡到多方面的协调，达到了平正调和，才能制造出好弓来。天道类似此，又远甚于此，在特别错综复杂的不平衡中去巧妙地均衡化，不断地在"有余"与"不足"中或"损"或"补"。

比较天道与人道，会发现其中的大不同。人类社会屡屡见到：富者还要剥夺贫者，强者偏要欺负弱者，大者硬要凌辱小者，高者还在压制下者，贵者常在践踏贱者。彼虽有余，但还要损不足补之；彼虽已强，但还要损弱小而益强之；彼虽已显赫，但还要损卑微而衬托之。人道与天道的种种相反相背原因便是：天道无私，人道有私；天道无欲，人道有欲；天道无求，人道贪求；天道不争，人道纷争；天道均衡，人道失衡；天道无为，人道有为；天道自然，人道人为。老子由此发问："孰能有余以奉天下？"答案很明确："唯有道者！"

最后可一读《文子·十守篇》之论："天之道，抑高而举下，损有余补不足，江海处地之不足，故天下归之奉之。圣人卑谦清静辞让者，见下也；虚心无有者，见不足也。见下故能致其高，见不足故能成其贤。"可与本章通观互明。

# 七十八章

天下莫柔弱于水<sup>①</sup>，而攻坚强者莫之能胜，以其无以易之<sup>②</sup>。弱之胜强，柔之胜刚，天下莫不知，莫能行。是以圣人云：受国之垢<sup>③</sup>，是谓社稷主；受国不祥，是谓天下王<sup>④</sup>。正言若反。

**【注释】**

①莫：没有。　②易：代替。　③垢：污垢。此指屈辱、耻辱；或作"诟"。　④王：动词，往、归往。《说文》："王，天下所归往也。"

**【译文】**

天下没有比水更柔弱的了，然而攻克坚强的却没有能胜过水的，因为它是没有什么可以替代的。弱的胜过强的，柔的胜过刚的，天下人没有谁不知道，但没有人能施行。因此圣人说：能承受国家的屈辱的，这才可以称为国家的君主；能承受国家的灾祸的，这才可以称为天下的君王。正面的话，听起来就像反面的话一样。

**【解析】**

本章河上公称为"任信第七十八"，成玄英称"天下柔弱章"。帛书甲乙本均残缺。竹简本无此章。

本章老子再次强调柔弱胜刚强之道，并指出关键处不仅在于懂得，更重要的是在于行动。同时提出了"正言若反"的著名论断。

水柔弱却能对最坚强的攻而胜之，这是不可以被替代的。在一切变化中，凡是败者皆因为"积坚"，而胜者皆因为"体柔"；这是万物的道理，是自然而然的，水就是"体柔者胜"的典范。老子揭明水能由最柔弱转化为最坚强，然而又喟叹此中的道理，世人虽知却不能行。再揭示唯有能容纳耻辱之污垢，承受不祥之灾祸，像海纳百川那样，才能成为社稷主、天下王。然而又感慨守柔守弱之道虽知易却行难，若能真知深知则必能笃行之。

"正言若反"是老子从事物所存在的对立与运动中所总结出来的一个普遍的原则。其书充满"正言若反"式的例证，如"大方无隅""大器晚成""大音希声""大象无形"等。牟宗三《中国哲学十九讲》评论："'正言若反'是《道德经》上的名言"，"所涵的意义就是诡辞，就是吊诡，这是辩证的诡辞"。所谓"吊诡有两种,一种是逻辑上的吊诡,一种是辩证的诡辞","'正言若反'所示是辩证的诡辞","它把我们引到一个智慧之境"。钱钟书《管锥编》也有精论:"夫'正言若反',乃老子立言之方,《五千言》中触处弥望,即修词所谓'翻案语'与'怨亲词',固神秘家言之句势语式耳。"他又深入分析"正言若反"的多种情况:并深入地发掘出其内核的"髓理",即是否定之否定法则。

"正言若反"可再揭明:一是,"正言"是"正"的,也可以像"反"的,但决不等于是"反"的。二是,"正言若反"中的话虽像相反的,但是物理却是相因的,事理却是相成的,情理却是圆通的,道理却是确实的。三是,"正言若反",可以拓宽思路,从另一种角度、或相反的角度去考虑问题,活用辩证法。

# 七十九章

和大怨，必有余怨，安可以为善？是以圣人执左契①，而不责于人②。有德司契③，无德司彻④。天道无亲，常与善人⑤。

**【注释】**

①左契：借据，是索偿的凭证。契，借据，证券。　②责：求索，索取。《说文》："责，求也。"　③司契：掌管借据。④司彻：掌管税收。彻，周代税收制度，收取十分之一的税率称为"彻"。　⑤与：帮助，或说同、和的意思。

**【译文】**

和解了大怨仇，必定还有剩余的怨仇，怎么可以算妥善呢？因此圣人保存着他人的借据，却不向人追索。有德的人仅掌管着契据，无德的人才只管去追索。天道对谁都没有偏爱，但经常帮助善人。

**【解析】**

本章河上公称为"任契第七十九"，成玄英称"和大怨章"。帛书甲本仅缺一字，乙本残缺较多。竹简本无此章。

老子再论成为"善人"的处世之道。魏源将本章和上一章联系起来解读。

世人一旦造成大怨恨，虽努力调和，也必会遗留怨恨，怎可以说是修善、行善？此中内涵当明辨：恩怨或许难免，但最好不要产生大怨恨，这对统治者之治民来说，意义尤其重大。如果有怨恨发生，应及时化解于萌芽状态，不积大怨深仇。若背道而驰，怨恨积累甚厚甚重，那么即使百般调和，也不能彻底消解，因此不如为善而不结怨。

"天道无亲，常与善人"，司马迁《史记·伯夷列传》于此说曾发出过感叹与怀疑，令一代代人颇有同感。譬如伯夷、叔齐行为如此高洁，最后却遭饿死。颜渊如此好学不倦，却困穷早逝。盗跖日杀不辜，暴戾恣睢，却竟然以寿终。再反思后面的朝代，类似案例也不可胜数。司马迁喟叹："余甚惑焉，倘所谓天道，是邪非邪？"他自身的经历不也就是这样吗？确实常见到好人没有好报，恶人也没有遭到恶报。但这或是从一个短暂的时段中，或是从某一事一地的狭隘视野来衡量的。如果从长久来看、从更广的视野来看，那确是"天道无亲，常与善人"的。司马迁遭受奇耻大辱是不公平，但也正因为如此，而产生一种反推动力，发愤图强，诞生了不朽名著《史记》，这是天道"常与善人"的回报了。再如伯夷、叔齐，以及颜回等定格在历史上，这正如老子说的"死而不亡者寿"！

另外，这里的"善人"不仅指善良的人，更指善于顺合道的人，如此理解就容易读懂文义了。天道虽然无亲，但是常帮助善于顺从道的人取得成功，而不是帮助违反道的人。比如善良的人，心是好的，要移山填海，要战天斗地，但是违背了生态平衡之道，最后遭到了大自然的报复与惩罚。再如为人很善良，但滥施善心善举，或就会如东郭先生遇到狼一样了。

# 八十章

小国寡民，使有什伯之器而不用①，使民重死而不远徙。虽有舟舆②，无所乘之；虽有甲兵③，无所陈之④。使人复结绳而用之⑤。甘其食⑥，美其服，安其居，乐其俗。邻国相望，鸡犬之声相闻，民至老死不相往来。

**【注释】**

①什伯：功效十倍百倍的工具，或说各种各样的器具。什，十倍。伯，通"佰"，百倍。　②舟舆：船与车。　③甲：铠甲，甲胄。兵：兵器，或说兵士。　④陈：陈列，或说是军阵。　⑤人：诸本作"民"。帛书乙本也作"民"。　⑥甘：甜美，美味。

**【译文】**

国家要小，人民要少，使人民有功效十倍百倍的器具而不使用，使人民看重死亡而不愿迁徙到远方。虽然有船只和车辆，却没有乘坐的必要；虽然有盔甲兵器，却没有摆列阵势的必要。使人民回到结绳而记事。使他们认为自己的饮食是美味的，认为自己的衣服是美观的，认为自己的居所是安适的，认为自己的风俗是欢乐的。邻国之间可以互相望见，鸡犬之声可以互相听到，但是两国人民直到老死都不相往来。

**【解析】**

此章河上公称为"独立第八十"，成玄英称"小国章"。帛书甲本缺字多，乙本只缺二字。竹简本无此章。

老子描绘了"小国寡民"的理想之国，充满家园的和谐氛围，在无为而治之下，生命的个体均享受着自在安宁、淳朴自足的生活。

"小国寡民"或有上古的历史踪影，或是上古自给自足经济的反映。以家庭为单位，依天然的资源，靠自己的劳动过日子。但老子并不全要回归那原始的社会中去，因为以老子的睿智难道不知道现实的情况是回不去了？老子的希望是，社会虽然在向前发展，文明在发展，出现各种奇巧之物，但仍可达到理想的治理，那就是"无为"，返朴归真，控制种种欲望。冯友兰《中国哲学史新编》："老子认为，这是'至治之极'。这并不是一个原始的社会，用《老子》的表达方式，应该说是知其文明，守其素朴。《老子》认为，对于一般所谓文明，它的理想社会并不是为之而不能，而是能之而不为。有人可以说，照这样理解，《老子》第八十一章所说的并不是一个社会，而是一种人的精神境界。"当然这不仅仅是一种精神境界，同时老子也指示给人们某些实在的、可以遵循的管理与生存之道。

老子的理想国产生了深远影响。《庄子》在《胠箧》中就描述过"至德之世"的那种情景，在《让王》里面，通过善卷也描写了那种类似的理想家园。《史记·货殖列传》云："'至治之极，邻国相望，鸡狗之声相闻，民各甘其食，美其服，安其俗，乐其业，至老死不相往来。'必用此为务，挽近世涂民耳目，则几无行矣。"此后陶渊明描绘了如诗如画的桃花源，令无数人为之神往不已。王国维《老子之学说》评论："此老子政治上之理想也。其道德政治上之理论，不问其是否（非）如何，甚为高尚。"这一理想在数千年历史里闪烁着毫光，虽微弱但能神奇地穿透重重铁幕，始终给后来者以光明与慰藉。

# 八十一章

信言不美①，美言不信。善者不辩，辩者不善。知者不博，博者不知。圣人不积，既以为人②，己愈有；既以与人③，己愈多。天之道，利而不害。圣人之道，为而不争。

**【注释】**

①信：诚实，诚信。　②既：尽，尽量。《广雅·释诂》："既，尽也。"以：用。为：施予。或说"既以"，已经。　③与人：给予他人。

**【译文】**

诚实的话不华美，华美的话不诚实。善人不辩说，辩说的不是善人。真知的不炫耀渊博，炫耀渊博的不是真知。圣人不积蓄，尽量拿来施予他人，那么自己愈加富有；尽量拿来给予他人，那么自己愈加增多。天道是有利万物，而不伤害它们。圣人之道是虽有所为，而不跟他人争夺功劳。

**【解析】**

此章河上公称为"显质第八十一"，成玄英称"信言章"。帛书甲本甚缺，乙本全。竹简本无此章。此为传世本《老子》的最后一章，而八十章、八十一章在帛书本中处于六十六章与六十七章之间，而以七十九章作为上篇的结束。

老子在本章揭示了诸多命题，分析了其中的关系与智慧，使辩证法之光反照全书。

"信言""善者""知者"之所以"不美""不辩""不博"，"美言""辩者""博者"之所以"不信""不善""不知"，因为一是立足于内在的真实，一是立足于外表的浮美。这种外美与内真的对立不相容，在当时具有批判意义，亦有永世价值。《老子》五千言是根系大道大德，自然而然开放出带着生命元气的美丽花朵。老子能臻达其道，对于世态人情了然于胸，故出为言，撰为文，已不需外求旁索，而从内里自然流露出真谛美言。

老子的"不积"与其"多藏必厚亡"相贯通。"多藏"如此结果，索性"无藏"，将"不积"转化为"重积德"。不积的是身外之物，"重积"的是"德"。为什么"既以为人，己愈有；既以与人，己愈多"？梁启超《老子哲学》解读："我们若是务发展创造的本能，那么他的结果自然和占有的截然不同。譬如我拥戴别人做总统做督军，他做了却没有我的分，这是'既以为人，己便无'了。我把自己的田产房屋送给人，送多少自己就少去多少。这是'既以与人，己便少'了。凡属于'占有冲动'的物事，那性质都是如此。至于创造的冲动却不然。老子、孔子、墨子给我们许多名理学问，他自己却没有损失分毫。诸君若画出一幅好画给公众看，谱出一套好音乐给公众听，许多人得了你的好处，你的学问还因此进步，而且自己也快乐得很。这不是'既以为人，己愈有；既以与人，己愈多'吗？"此种解读视角颇启心智。

终篇之际老子再示"圣人"与"道"应和之典则。大道于万物有利而不害，圣人法之则为而不争。唯其效法天之道，故能顺天之利；唯其出于无为，故能与天同一！

通览全书，焦竑《老子翼》所录《笔乘》之评论当可赏读："或曰，老氏之为书，使人得以受而味焉，则近乎美；穷万物之理而无不至，则近乎辩；察万事之变而无不该，则近乎博。然不知其有信而不美、善而不辩、知而不博者存，何也？则以五千言所言，皆不积之道耳。不积者，心无所住之谓也。夫积而不积，则言而无言矣。言而无言，故非不为人也，而未尝分己之有；非不予人也，而未尝损己之多。斯何恶于辩且博哉？苟非不积之道，而第执其意见以与天下争，则多言数穷者流，非天道也。天之道利而不害，圣人之道，为而不争。学者于此而刳心焉，老氏之书亦思过半矣。故曰：教而无教，何必杜口于毗耶；言乃忘言，自可了心于柱下。读者其勉旃哉。"确实，通行本以本章作为《老子》的最后一章，或许用心深长矣！

# 附录：《老子》的思想内容及研究状况

## 《老子》的思想内容

《老子》虽为仅五千字的短小之作，但是思想内容十分繁富，延展至诸多方面，如哲学、历史、政治、经济、管理、人生、养生、兵法等等，皆有所论，均可会心，且随着时代之进程，而有待于阐发、衍生、转换、再生的内容与智慧则不可穷尽。真正的经典均蕴含无穷的再生魅力。当然，这也正如《庄子·外物》所说："筌者所以在鱼，得鱼而忘筌；蹄者所以在兔，得兔而忘蹄；言者所以在意，得意而忘言。"从《老子》这里可以各悟其道，各得其妙，各行其是，且可以不违不悖。下面再作分说。

### 《老子》与哲学

老子是一位伟大的哲学家，《老子》是一本不朽的哲学经典，五千言里抽绎出宇宙深层、世界内里、万事万物背后的"道"。"道"是老子哲学的最高范畴，被视为世界的根本与最高法则，由此揭密事物的矛盾性、正反转化的道理，并归纳出很多朴素的辩证法思想。老子又重"德",其深涵的旨意便是得道为德,因此《老子》又名《道德经》。

老子哲学不仅在我国产生了极其深远的影响,而且享誉寰球,世界上无数的爱好者从中汲取了哲学智慧。在哲学领域,欧陆的现代哲学家们在东方找到了老子哲学,并试图将其与希腊哲学结合起来,为现代西方哲学开创出一条新的发展之路。一些开一代风气的现代大哲如海德格尔、伽达默尔等人,他们的哲学新思路的提出,有说曾受到过老庄思想的影响。这说明老子哲学之魅力,虽历数千年之久而弥新,仍然流光溢彩。尼采将老子的《道德经》譬喻为一个永不枯竭的井泉,只要轻轻放下汲桶,然后回报的就是满满的智慧宝藏。

早在20世纪初王国维就卓见特识地评价:"我中国真正之哲学,不可云不始于老子也。"(王国维《老子之学说》,《教育杂志》1906年4月)1906年张之洞主持下颁布的学校分科章程,其中文科部分仅有"经学""文学"而无"哲学",引发王国维的严正抗议,因为当时王国维已经接触与研究了西方的与日本的哲学。若从这一点来看,那么王国维使用一种全新的学术眼光为老子、《老子》作出哲学维度的高度评价,是有其首出的历史意义的。王国维曾作出比较:孔子于《论语》二十篇中,无一语及于形而上学者,其所谓"天"不过用通俗之语。墨子之称"天志",亦不过欲巩固道德政治之根柢耳,其"天"与"鬼"之说,未足精密谓之形而上学也。其说宇宙之根本为何物者，始于老子。如《老子》四章、二十五章所云，此于现在之宇宙外，进而求宇宙之根本，而谓之曰"道"。是乃孔、墨二家之所无，而我中国真正之哲学，不可云不始于老子也。而试问此宇宙之根本之性质如何？老子在二十一章、十六章里作出卓越的回答与揭示。以此观之，则老子之所谓"道"：惚也，恍也，虚也，静也，皆消极的性质，而不能以现在世界之积极的性质形容之；而恍惚虚静之道，非但宇宙万物之根本，又一切道德政治之根本也。这正如老子在三十九章里所论说的一样："其致之，一也。"

后来，历史学家范文澜在《中国通史简编》里说："在马克思主义的唯物辩证法传入中国以前，古代哲学中老子确是杰出的无与伦比的伟大哲学家。"为什么这样说？因为"他观察了自然方面天象以至万物的变化的情状，他观察了社会方面的历史的、政治的、人事的成与败、存与亡、祸与福、古今相互的关系与因果，他发现并了解事物中的矛盾，比任何一个古代哲学家更广泛、更深刻。"关于老子的哲学理念与智慧，后文中有解读可参阅。

《老子》里面又将辩证法的运用揭示得淋漓尽致。老子既使"反者道之动"的著名辩证法深入人心，又列出了有关对立统一的范例启示世人，如：有—无、阴—阳、明—昧、正—反、古—今、高—下、前—后、左—右、大—小、贵—贱、虚—实、盈—冲、柔—坚、厚—薄、白—黑、雌—雄、华—实、智—迷、废—兴、祸—

福、敝—新、善—恶、静—躁、开—阖、枉—直、拙—巧、歙—张、怨—德、辩—讷等等，竟达一百数十例之多。李石岑曾说："《老子》一书，可以说整部著作都是用辩证的方法写成的。……道家的辩证法是有可以相当注意的地方，因为它知道用辩证法观察自然界，观察人类社会，并观察人类的思维。它知道把宇宙观、认识论和辩证法看作一件东西，这是道家哲学强过其他各派哲学之处。"（《中国哲学十讲》）这也印证了吕思勉《先秦学术概论》之言："道家之学，实为诸家之纲领。诸家皆专明一节之用，道家则总揽其全。诸家皆其用，而道家则其体。"作为道家之始尊的老子就是能以哲学而"总揽其全"的卓越的先驱者。如果读《老子》于此等地方能悉心体味，那么我们也许就把握了老子这座辉煌智库的精髓了！

《老子》与道家和黄老之学

老子是道家的创始人，《老子》是道家的开宗经典。英国著名学者李约瑟曾说："中国人的特性中很多最吸引人的地方，都有来自道家的传统。中国如果没有道家，就像大树没有根一样。"然而这一大树最深之根、至深之柢就是老子了，因为老子是道家的奠基者，又是道教尊奉的始祖。道家，是以老子关于"道"的学说为中心的学派。道家最初称为"道德家"。《史记》里有司马谈《论六家之要旨》论之甚精辟。道家的特色，又如《汉书·艺文志》：“道家者流，盖出于史官，历记成败存亡祸福古今之道，然后知秉要执本，清虚以自守，卑弱以自持，此君人南面之术也。合于尧之克攘，《易》之嗛嗛，一谦而四益，此其所长也。及放者为之，则欲绝去礼学，兼弃仁义，曰独任清虚，可以为治。”“道家”又被列为“九流”之一。先秦道家有关尹、庚桑楚、文子、杨朱、列子、庄子、宋钘、尹文、环渊、接子、季真、彭蒙、田骈、慎到等。

道家又与法家、名家等合流，逐渐形成黄老之学，因以黄帝和老子为创始人，故有“黄老学派”之名。以慎到、田骈等为代表。再如法家申不害、韩非等汲取道家的“自然主义”和权术思想，补充法治思想，或“本于黄老而主刑名”，或“喜刑名法术之学，而归本于黄老”（《史记·老子韩非列传》），皆与黄老学派有密切关系。另外还有在以道、法为主的同时，又兼采儒、墨、阴阳、名家的思想的派别。

历史上道家人才辈出，于思想、学说、社会、自然、科技、医学、生命、气功、养生等众多维度里作出了许多不可磨灭的功勋。方东美曾说：“如果透过道家，则能契入大‘道’，而臻于至‘德’内充的境界，消极的能够据以不役于物，消弭一切私心，积极的则能据以冥齐物我，怡然与大道同体，这就是道家的卓绝气魄。”（《中国人生哲学》，中华书局）确实，若能深入道家的世界，便见大不同的气象、寥廓的心灵境界。

《老子》对于中国的哲学与思想确实影响深远。老子于孔子的影响前文已叙，对荀子等也有影响。老子对法家的影响甚巨，司马迁将老子与韩非合传，就是说明两者关系的密切。《韩非子》一书对老子进行了很多的阐说。老子对墨子的影响，举例如陈柱说：老子三宝，殆墨氏之学所出，一曰慈者，兼爱也；二曰俭者，节用也；三曰不敢为天下先者，非攻也。再如，魏晋玄学，其"玄"字即出于《老子》"玄之又玄，众妙之门"，《老子》的"有生于无"的理念，对魏晋玄学产生了直接的影响。魏晋时期奉《周易》《老子》《庄子》为"三玄"，由此成为主要哲学流派。王弼是魏晋玄学的主要创始人之一，与何晏、夏侯玄同开玄风，竞事清谈。王弼把老子"有生于无"的思想引向以无为体，以有为用，提出"体用不二"的思想。他强调"贵无"而"贱有"，"将欲全有，必反于无也"，"天地虽广，以无为心"；并从本末、体用、动静、一多等关系来论证"以无为本"。

### 《老子》与道教

道教是产生于中国本土的传统宗教，而佛教则是外来的。道教形成于东汉，其最根本的信仰和理论基础便是"道"。老子即被看作道的化身，被推为道教的创始人，奉为教主，尊为太上老君，还被封为太上玄元皇帝、混元上德皇帝等称号。

《老子》（即《道德经》）历来为道教徒所重视，东汉张陵父子的"五斗米道"以《老子》教导弟子。东汉的《太平经》也采用

《道德经》作为理论基础，后来东汉魏伯阳《周易参同契》、宋张伯端《悟真篇》等炼丹著作，亦无不吸取《道德经》作主要养料来源。有统计显示，今《道藏》中有关《道德经》注释约五十余种，从哲学理论、阴阳变化、内丹外丹、修身治国、易象术数等多方面阐述道教教义。再如老子与道教的联系，又有《老子化胡经》——传为东晋道士王浮著，此经是在东汉末流传的"老子入夷狄为浮屠"的传说基础上，多所增益，证成其事，谓老子西游化胡成佛，以佛为道教弟子。道教徒以此为攻击佛教的主要依据。唐代的名僧曾多次上奏朝廷斥为伪经。元代四次焚毁道经，此书亡佚。现仅存敦煌残卷，刊行于《敦煌石室遗书》和《敦煌秘籍流真新编》中。

道教是怎样来解读《老子》的？作为道教全书的《道藏》，其中以《老子》或《道德经》的名义来著述的为数很多，可见老学影响的广泛。如道教经典《老子想尔注》（《老子道德经想尔注》），相传为东汉五斗米道祖天师张陵撰，或以为张陵之孙张鲁撰。"想尔"何释？众说不一，或谓人名，或谓书名，饶宗颐认为，本于"存想"的意思。原书早已经失传，敦煌发现了残抄本。

《老子想尔注》除了从道教角度来阐发道，又延伸于用道来教人、诫人守道。如"诫为渊，道犹水，人犹鱼。鱼失渊去水则死，人不行诫守道，道去则死"。这一比喻生动形象，鱼离不开水，人离不开道，道教尤其不能离道悖道而行。当然道教还有养生的要事, 故多有从此角度去解读的。譬如第七章就从得"仙寿"这一角度来诠释。"仙寿"是说人的寿命能通过"法道", 而得到长久。老子曰:"天长地久。天地所以能长且久者, 以其不自生, 故能长生。"此《注》指出"能法道, 故能自生而长久也"。老子又曰:"是以圣人后其身而身先, 外其身而身存。"此《注》解读:"求长生者, 不劳精思求财以养身, 不以无功劫君取禄以荣身, 不食五味以恣, 衣弊履穿, 不与俗争, 即为后其身也; 而目此得仙寿, 获福在俗先, 即为身先。"又老子曰:"非以其无私邪? 故能成其私。"此《注》却作"以其无尸, 故能成其尸"。这种文句, "私"字均作"尸", 遂州道德经碑同之, 敦煌本亦有同者, 但与通行古本以及帛书本不同。又解读曰:"不知长生之道, 身皆尸行耳, 非道所行, 悉尸行也。道人所以得仙寿者, 不行尸行, 与俗别异, 故能成其尸, 令为仙士也。"饶宗颐说: 此以"私"为"尸"的做法, 是"改字以成其特殊见解者"。"道家本有三品: 一为《老子》无为, 二为神仙饵服, 三为符箓禁厌。道安《二教论设问》云:'就其章式, 大有精粗。粗者厌人杀鬼, 精者练尸延寿。'今观《想尔注》于练尸延寿, 再三致意。"(饶宗颐《老子想尔注校正》)凡是尸行而不能尸解者, 谓之"尸人"。所谓"尸解", 是指道徒遗其形骸而仙去。因此, 道教要人们练尸延年。以上可以体会从道教角度来解读《道德经》之一斑。

另外佛家或运用佛教来研究《老子》也是饶有趣味的现象。

唐成玄英《道德经义疏》就重视以佛教的思想来解释《老子》。唐杜光庭《道德真经广圣义》中也有用佛教理论来阐说之处。此后直至明清也相继不绝，如有明释德清《老子道德经解》、董懋策《老子翼评点》，清代杨文会《道德经发隐》等。

《老子》的人生哲学与伦理学

《老子》论人生者甚多。老子提倡无为而无不为的人生哲学，主张自然主义的道德观。人生的祸福观，老子曰："祸兮福之所倚，福兮祸之所伏。"（五十八章）后来《庄子·则阳》也有曰："安危相易，祸福相生。"关于财富、名声、地位，老子曰："金玉满堂，莫之能守。富贵而骄，自遗其咎。功遂身退，天之道也。"（九章）后来的道家人物杨朱就主张"全性葆真"，宋钘就主张"情欲寡浅"。

人生的修炼与幸福，老子曰："致虚极，守静笃。"（十六章）由此虚之极、静之笃，而心地宁静致远，胸中虚纳大道。老子曰："万物负阴而抱阳，冲气以为和。"（四十二章）万物中的人生亦如此，若能负阴抱阳，冲气为和，必定得道和谐，优游人世。老子曰："专气致柔，能婴儿乎"（十章），"含德之厚，比于赤子"（五十五章）。能如婴儿专气致柔，又似赤子含德之厚，这是得道者的最佳生存态，元气充沛，生机勃发。老子曰："是谓深根固柢，长生久视之道。"（五十九章）深根固柢、长生久视就在于能得根本之道。

老子强调赞美"善""上善"。"善"出现四十次,"善人"出现四次,与之对立的"不善"出现六次、"不善者"一次。善与不善,老子说:"皆知善之为善,斯不善已。"(二章)然而,老子又曰:"善之与恶,相去若何?"(《二十章》)伦理学上"善"与"恶"是绝对的对立,而老子把对立的距离缩短,甚至泯灭。当然,通行本此处作"善",傅奕本、帛书甲本作"美",那么可以看作老子美学上"美"与"恶"之间的辩证观。老子对儒家仁义礼忠孝等作出反拨,也发人深省。从伦理上看,老子反拨世俗所谓的仁义礼智、孝慈忠信。老子又曰:"重积德则无不克。"(五十九章)人生欲无不克,则必当重积德。

《老子》与政治学、管理学

老子的政治学、管理学也极富智慧。老子曰:"为无为,则无不治。"(三章)、"无为而无不为。取天下常以无事,及其有事,不足以取天下。"(四十八章)、"无为而无以为"(三十八章)。"为无为""无为而无不为""无为而无以为",凸现了要顺应自然而不作违背自然的人为,不作悖逆客观规律的妄为,终可至于无为而治。老子曰:"为者败之,执者失之。"(二十九章、六十四章)这是从反面阐明"无为而治"的重要。

老子曰:"以正治国"(五十七章),"爱民治国"(十章)。老子曰："古之善为道者，非以明民，将以愚之。"（六十五章）这并非是"愚民"政策，而是让民众回归与保持那种淳朴之"愚"。老子曰："民不畏死，奈何以死惧之？"（七十四章）这是对于治民者的警告。老子曰："圣人无常心，以百姓为心。"（四十九章）这句话寓涵了得民心者方能得到天下的道理。老子又曰："治大国若烹小鲜。"（六十章）这成为一句名言，为中外政治家激赏。

老子还将政治学、管理学自高而下依次分为四级。老子曰："太上，下［不］知有之。其次，亲而誉之。其次，畏之。其次，侮之。"（十七章）"太上"的最高境界就是无为而治，最低等次的是管理者遭受到侮辱，此为管理的失败。

有趣的是，历史上不少帝王爱读《老子》（《道德经》），并不仅是阅读欣赏，而且与治国理政发生关系。世界上不少政要也喜爱《老子》，并用作执政指南。

《老子》与经济学

老子虽被看作一本哲学的经典，但其中不乏丰富的经济论说与智慧，且对后世的经济思想产生了重大影响。选择其要者，一是历代封建王朝建立之初，往往实行无为而治、与民休息的经济政策，且起了一定的效果。二是老子的"法自然"思想，为后世不少学者阐发其经济思想的理论基础。

上世纪30年代，经济学家唐庆增《中国经济思想史》专著里专设一章《老子与中国经济思想》进行阐述。此章从"老子经济思想之影响""老子之传略著述及其所用之方法""老子经济思想之哲学根据""老子经济思想之内容""总评"等五方面进行系统论说。他认为老子之经济思想，带有消极、厌世、理想、嫉俗等色彩，盖无一不与经济思想进步发展之途径背道而驰。其经济思想有其哲学为基础，犹西儒孟德斯鸠、洛克诸人之经济理论，殆无不自有哲学为根据也。老子的经济思想的哲学根据有四方面：（甲）静寂态度。老子哲学，以无为为主，以所谓道者，为宇宙根源，能包含万物，史信仰以柔克刚之说，谓静能成功，争则失败。（乙）自然主义。老子愤世嫉俗，于当时政治之黑暗腐败，固表示不满，即儒家所倡之一切仁义礼智，亦皆一律抨击，以社会现象为无意识的，欲求脱离此种痛苦，惟以返乎璞真为归入于自然之状态。（丙）唯心观念。老子系一唯心论者，其哲学偏向于柔的一方面，其宇宙论以道为主体，道系无为，导人入于自然境界，引人向精神生活走去，而抛却物质上之享受。渠于物质文明，排斥不遗余力，观其一方面劝人"见素抱朴，少私寡欲"（十九章），一方面又竭力攻击世之拥有资产者，且以之比为盗竽，可见其态度之一斑矣。（丁）绝对眼光。老子之哲学为绝对的而非相对的，渠之所谓"道"，系属抽象性质，道之为物，"玄之又玄，众妙之门"（一章），并无形质，历万世而无变化，不因时间、地点或世事之变更，而遂失其丝毫之效力，假定本人言论，为天下至理，无物可以更动或牵制之。老子证明人道宜遵天道，其心目中绝无相对观念存在之余地，近世社会科学家，喜论经济现象变化之法则，盖与老子之眼光恰相反也。唐庆增还认为老子之经济思想，全以此四大哲学根据为出发点，其议论甚简单，但极透彻。于人类欲望，则主张完全禁绝。于个人生活则崇俭斥奢。以官吏过多，为当世之乱源。以工艺发展，为人民浮华之根由。老子之欲望理论，为极端的绝欲（即去欲）主义，近世西洋经济学家，详言欲望之重要，主张任其发展，同时更研究满足欲望之各项方法，此种态度与绝欲主义背道而驰，自不待论；即言儒家之节欲主张，以为"背道"与"非义"之欲望，宜加禁绝，其余合理者任其扩张，荀子且谓欲望为人情之所不能免，此说亦与老子议论不同。老子盖以为欲望非良物，直宜根本铲除，完全遏制其发生，此层若不能办到，则我人永不能返乎自然。唐氏有总评："中国经济理论进步之迟缓，与孔孟之思想，关系甚浅。以愚见所及，则此责宜由道家任之，就经济思想方面言之，该派之绝欲主张排斥工艺论调，此一类消极之思想，数千年来，深入人心，实为中国经济思想发展上之大障碍。老庄诸子，皆为我国经济思想史上之罪人，道家经济思想虽无价值，仍须研究，即此之故。"——唐氏观点当然不一定被人们视为定论，但是他从反面批判的角度来系统论说老子的经济学，亦然有先导之功，且以一位专业的经济学家系统地论说老子的经济学，并且在中西比较视野，又从哲学基础上来论老子的经济学，其视角的选择是很有启发意义的。

此后如胡寄窗《中国经济思想史》、陈绍闻等《中国经济思想简史》也都是过多地关注老子的消极的经济思想。然而也有论者作出了较辩证的论说，撰文指出：老子的经济思想是受他的哲学上的天道自然观指导的。人法自然而无为，无为也就是无欲。再具体地说，老子的"为无为，事无事"思想，表现在社会经济问题上，那就是：天道自然无为，"衣养万物"；人法自然，方有利于社会生产。人既法自然，自然固无为，故人应"为而不有"。天道均平，人道也应均平。再如老子的"小国寡民"蓝图正是这种"无欲""寡欲"思想在社会制度上的具体变现（见李普国文，载巫宝三主编《先秦经济思想史》）。

有经济学家指出：整个封建社会里，老学对后世的经济思想产生了重大影响，除了历代封建王朝建立之初，往往实行无为而治、与民休息的经济政策，老子的"法自然"思想，为后世不少学者阐发其经济思想的理论基础。如司马迁"提出'法自然'的社会经济发展原则"，"认为人们有自利和自由获取财富的本性，国家经济政策应该顺应社会自然发展的原则"，"不能不说他不但在中国经济思想的发展史上享有卓越的地位，并且在世界经济思想发展史上也是一个卓越的思想家"。《汉书·司马迁传》说，司马迁"论大道，则先黄老而后六经"。可见司马迁"法自然"的经济思想渊源于老子之学。后来的政治家和思想家受这种思想的影响，而主张国家经济政策应以不干涉为原则者，不乏其人（同上文）。确实，老子的经济学上的智慧是决不可低估的！

《老子》与生态学

尽管西方哲学里的生态哲学约在20世纪70年代才兴起，1866年由德国的海克尔提出了"生态学"一词，但是类似、近似的理念前人也不是没有。其实老子那里就具有这样的理念与智慧。老子曰："天得一以清，地得一以宁，神得一以灵，谷得一以盈，万物得一以生，侯王得一以为天下贞。"（三十九章）"得一"便是得道，反之则天不清、地不宁，万物不能顺其自然地生长，生态系统便遭破坏。一旦生态平衡被破坏，最后也必定导致人类生存的危机。人类是从自然而来，又依赖自然而存活，是处于不能脱离自然生态的一种生存态。人类若战胜了生态，便会失去了自我；若战胜了地球，便毁灭了地球。此岂非"皮之不存，毛将焉附"？

老子曰："故道大，天大，地大，王（或作"人"）亦大。"（二十五章）天地之间的生态之"大"，也同属此理。只居其一之"王（人）大"，不应该也不可能独大，不应该不尊重其余之"大"。老子又曰："常善救物，故无弃物。"（二十七章）无弃物，就包括对生态万物的无弃无毁，无践无灭，又因其能善救物，更不用说去破坏生态了。当代著名的人文物理学家卡普拉曾说："在伟大的诸传统中，据我看，道家提供了最深刻并且是最完美的生态智慧，它强调在自然的循环过程中，个人和社会的一切现象和潜在两者的基本一致。"此论当不虚。

## 《老子》与军事学

老子于兵学，即军事学之论说颇多。唐朝宪宗时期一位将军王真曾撰《道德真经论兵要义述》曰：《老子》"五千之言"，"未尝有一章不属意于兵也"。朱熹曰："关机巧便，尽天下之术数者，老氏之失也，故世之用兵算数刑名，多本于老氏之意。"王夫之曰：《老子》尤为"言兵者师之"。章太炎曰：《老子》"约《金版》《六韬》之旨"。

当然也有不同的看法，认为《老子》不是一本兵书。不过老子重视兵法、用兵之道，《老子》是研究兵法的要籍，这是无可置疑的。袁宙宗说："老子曾任周之守藏史三十至四十年之间，博览古籍，通古今之变，明制作之源，周天子已名存实亡，诸侯坐大，是时的齐、秦、晋、楚，号称四强，各自称雄，战争连年，老子以他敏锐的观察和体会，遂对战争产生一种新的思想，也可说渊源于姜尚、周公、史佚、仲山甫、尹吉甫等的这种战争思想，也就是兵学思想。"（《老子身世及其兵学思想探赜》，台湾商务印书馆）其实再往深里说，那么老子的论兵，就是他的"人道"之"道"中的重要一部分，是对历史以及当时现实战乱的反思、干预、针砭、警示。老子是从更高的层面来考察与剖视战争问题，乃至于深邃地切入透视。

老子论兵，同样是他的这部"救世之书"中"救世"的重要内容。《老子》的重要而深刻的军事思想与智慧深刻影响了无数的来者，这是有案可稽的。老子兵学的又一特点，是为了反对战争而作的，可谓"反战之兵学"。这就像英国战略问题专家利德尔·哈特所说：你若是反对战争，先要认识战争。老子的兵学是超越那种纯粹的为战争而作的兵学，是哲学视野下的为战而达到非战的兵学，是哲学与兵学的联姻，是兵学与政治学的联姻，是他阐述的"道"所衍生出来的"万"中之"一"。


《老子》与历史学和考古学

老子是一位卓越的历史学家，又曾供职于王朝之中心，熟悉大量的历史档案。《老子》全书虽仅出现八次"古"字，但论古述古之内容丰富，且能以古通今。老子重视古代的积淀，并化古代智慧于今用，如曰："执古之道，以御今之有，能知古始，是谓道纪。"（十四章）这是知古以御今的大智慧。

老子曰："古之善为道者，非以明民，将以愚之。"（六十五章）这是再现了"古之善为道者"的典范，可为后人之借鉴。又有论者说："老子历史变化观具有辩证的特点，标志着先秦历史变化观念辩证理性的高度。"然而，老子"对历史走向，却做出了误判。他对社会历史变化的看法，不是向前看，而是向后看，认为历史应向后退，最具代表性的是他的'小国寡民'论"（《吴怀祺《中国史学思想通史》）。

老子极善揭示历史的流变，以及伴随的历史现象与本质。如老子曰："上德不德，是以有德；下德不失德，是以无德。上德无为而无以为，下德为之而有以为。上仁为之而无以为，上义为之而有以为，上礼为之而莫之应，则攘臂而扔之。故失道而后德，失德而后仁，失仁而后义，失义而后礼。夫礼者，忠信之薄而乱之首。前识者，道之华而愚之始。是以大丈夫处其厚，不居其薄；处其实，不居其华。故去彼取此。"（三十八章）这里可以窥测老子的历史观念，社会在作历史的演变，治化的观念也在演变，随之而生的学派也产生流变，如"道—德—仁—义—礼—智"的嬗变。

这里的史学智慧，学者罗焌《诸子学述》有评论："老子之学，上观往古，下启来兹，其于治化之升降，学派之变迁，持论尤切。""老子所谓道德，与儒家言名同而义小异。故其言道、德、仁、义、礼、智之递降，皆有次第。"他列举二证以明之。（一）证以往古之治理化：上皇之世，皆以无为之道而治，五帝以德化，三王以仁政，五伯以义兵，六国以法术，法所以辅礼制，而术则任智以愚民也。此六者递降之合乎治化者也。（二）证以周末之学派：自老子倡言道德，以为道德废失，始以次发生仁义礼智。果也，孔子继起其学说，即以仁为贵。去孔子约百年，而孟子出，言仁又兼言义，仁义之说数见于七篇。去孟子约六十余年，而有荀卿子，始专重于礼，且以礼为道德之极，为仁、义之经纬蹊径。其门人韩非、李斯，不守师法，一变而为刑名法术之学，专以为智巧狙诈相尚，无复知有仁义忠信者。非所谓乱之首而愚之始耶？此其次第，有合乎学派之变迁者也。老子之言，简而有至理，皆此类也。此说可供参考。

老子强调懂得历史的重要价值与作用。老子名言："执古之道，以御今之有，能知古始，是谓道纪。"（十四章）严复有说："'执古'二语与孟子'求故'同一义蕴。科哲诸学，皆事此者也。吾尝谓老子为柱下史，又享高年，故得其道，全由历史之术。读'执古御今'二语，益信。"从这里我们也可以体悟到，作为史官的老子对"古"与"今"的湛思：执古可御今，反过来知今也可明古；知古可鉴今，反过来知今也可察古；古道可今用，反过来知今也可考古。更可贵的还在于若能知古始之道，那就掌握了道的纲纪。因为已能由当下纷纷纭纭的万事万物上溯，再上溯，至于寻觅得起始生发之源的道之"一"即那个纲纪了。据此道的纲纪，再回顾当今的万事万物就能纲举目张了！

《老子》与天文学和科学技术

老子是史官，古代此官职是与天文学因缘甚深的。朱谦之曾说："老子的认识论与思想方法，有与其他学派不同的，是它以初步的天文学知识为基础。天文学在科学系统中是普遍性最大、复杂性最小的一种科学。它所用的是观察法，原为科学方法最低的一层；而数理现象研究，又属于演绎法的性质，这对于老子思想的制限性是很有关系的。"他又说："老子的朴素唯物论，可以说是古代初期科学知识的总结，是极可珍贵的。老子所以有此成就，是由于他本身是周守藏室之史，好似埃及、印度的祭司一样，掌握了一切学术，尤其是天文学的知识。他对于鬼神术数一切不取，这是古代哲学中唯物论的优良传统。但他也有很大缺点。"（朱谦之《老子哲学》）任继愈也说："老子用当时天文学的知识对宇宙的奥秘进行了探索，根据天文学的知识（当时科学成就）以反对有人格的上帝支配一切"，"只有掌握了当时足够的天文学知识，才会有效地说明天变不足畏，天道不神秘，有客观规律可循。也只有具备了一定的天文学知识，才会使人相信天不能对人类降祸、降福（天地不仁）。有了天文学知识，就有效地说明天象的变化、天道的运行有周期、有规律，是客观存在的，它不以人的意志为转移。"（《中国哲学史论》）这些内容可以从另一个维度去了解老子及其思想。

再如，有学者指出，老子的"无"不只是有丰富的内容，更主要的是它那种无限的生机。20世纪初，欧洲的一些数学家似乎驾驭了"无"的幽灵，他们从"无"生成了自然数列，并认识到数学不可无"无"。老子的"无"所包含的无限生机在集合论中得到数学的表达。不仅集合在理论上给出了"有"生于"无"的证明，而且电子计算机可以很容易地在操作上实现从"0"生成自然数列。在物理学中"真空"是"无"。最初，人们认为，"真空"就是没有任何东西的空虚的空间。现代物理学告诉我们，"真空"是类似于老子哲学"道"的基态量子场。当然，胡乱引用古人的某些说法来附会现代物理学是没有意义的，更何况老子当初绝没有想为后来的物理学家得益而写作，现代科学是在古希腊的基础上发展起来的。但是，我们没有任何理由认定，只有古希腊人的思想才能充当科学发展基础的思想。同古希腊思想很不相同的老子哲学已受到当代物理学家的重视。"道"与"场"的出人意料的相似，表明它是很值得重视的、有价值的自然哲学。物理学史表明，人类对"真空"的认识，从古希腊原子论的"虚空"概念，经过曲折的道路，回到了老子"道"的概念上来（董光璧《道家思想的现代性和世界意义》）。在科学发现中有许多"有"与"无"的深刻关系，可以和老子的思想相比、相证。

《老子》与养生学

从养生学角度来解读《老子》是一个有意趣的话题。老子注重养生，传说他特别长寿，这使其养生的言论更具说服力与吸引力。老子"摄生"，讲究"深根固柢、长生久视之道"（五十九章），主张"载营魄抱一"（十章），要像婴儿那样"专气致柔"（十章）。又如老子曰："圣人不病，以其病病，是以不病。"（七十一章）从养生方面来说，能以病为病，重视防病，关注未病之病，因此就不病。正如《黄帝内经》所言："圣人不治已病，治未病；不治已乱，治未乱。"

再如《老子》六章有从胎息导引来解读的，可见后文该章之释。严复评十三章："此章乃杨朱为我、庄周养生之所本。"《庄子·在宥》说"长生"曰："目无所见，耳无所闻，心无所知，女（汝）神将守形，形乃长生。慎女（汝）内，闭女（汝）外，多知为败。"《庄子·胠箧》所说"铄绝竽瑟""灭文章""散五采""塞瞽旷之耳""胶离朱之目"等等，与《老子》此章亦可沟通。老子、庄子之养生之学，经由后世的演绎，则是渐深渐广了。

再如五十九章等从养生学角度的解读，也产生了深远的影响。《老子》论"啬"，河上公注就特别重视这一向度的解读："啬，爱惜也。治国者当爱民财，不为奢泰；治身者当爱精气，不放逸。""国，身同也。母，道也。人能保身中之道，使精气不劳、五神不苦，则可以长久。""人能以气为根，以精为蒂，如树根不深则拔，果蒂不坚则落。言当深藏其气，固守其精，使无漏泄。""深根固蒂者，乃长生久视之道。"此后，老子的这一理念、智慧也不断得到衍生。如其一，处世行事的根本，就是先要"啬"身之大宝。大宝即是身体。《吕氏春秋·先己》："凡事之本，必先治身，啬其大宝。用其新，弃其陈，腠理遂通。精气日新，邪气尽去，及其天年。此之谓真人。"其二，要啬神，爱惜精神，一个人的精神要节俭。《韩非子·解老篇》："圣人之用神也静，静则少费，少费之谓啬。"《后汉书·周磐传》："啬神养和，不以荣利滑其生术。"明代张居正《寿襄王殿下序》："夫神不可以骛用，啬之则凝；福不可以骤享，啬之则永。"其三，要啬气，爱惜保养元气。苏轼说："啬气实其腹，云当享长年。"（《和〈饮酒〉二十首》）苏辙也说："由是啬气养神，以终其身。"气也要爱啬保养。

《老子》对中华养生术来说是一部元典。古代养生著作中，署名太清、太上的著作与功法很多，其目的在于表明源远流长，如《太清导引养生法》《老子按摩法》《太上老君内观经》《老君导引法》《太上老君养生诀》等。虽然均说出自老子之手，但是很明显，不过是一种伪托。不过《老子》一书中的许多内容如"道法自然"（二十五章）、"虚其心，实其腹"（三章）、"专气致柔"（十章）等，均成为了养生术的重要理念或理论。

人们希望长寿，甚至不死的传统可追溯到黄帝的传说，如《云笈七签》："黄帝以天下既理，物用具备，乃寻真访隐，问道求仙，冀获长生久视。"老子的"长生久视"之说对道教影响巨大。道教就将"深根固柢、长生久视"之道衍化为人的长生不死理念，认为可以修炼而得到，并与天地长存。如《抱朴子·对俗》：

"得其深者，则能长生久视。"道教的养生就是以长生不老、羽化登仙为最终目标的。于是发展出一系列的养生之术，如守一、存思、导引、吐纳、胎息、服食、外丹、内丹、房中、起居之术等等。无论是修炼外丹的丹鼎派，还是修炼心性的内丹派，借用老子名义来著述的很多。此中有精华，也有糟粕，应当通过科学的研究，取精弃粕，为世界人类的健康与长寿作出贡献。

《老子》与心理学

在心理学方面，老子有诸多的揭示，值得深入研究。老子曰："民不畏死，奈何以死畏之。"（七十四章）这是老子对千古民心、百姓心理的深刻揭示。人之心理本是"贪生"而"畏死"的，然而当被逼迫得连贪生都不成时，便会逆转为"不畏死"。此时再"以死畏之"，不仅无用，反而是火上浇油了。历史上无数的事实证明老子这一理念与智慧的正确，因此治民者必当明其心理及其递变之迹。

从心理学看，学界又有揭示概括，这里略为举例。其一，老子"载营魄抱一"（十章）的形神观，是认为"营"之精神与"魄"之形体，必须形神合一而不离，乃能全生。其二，老子的"涤除玄览"（十章）的心物观，是认为心理、意识像一面无疵的明镜，能反映外物及其规律。其三，老子将知行的过程划分为几个阶段：一是"万物并作，吾以观复"（十六章），"观"即直接观察，与今日之感知、观察相当。二是"明"，即"明白四达"（十章），以求察觉事物的隐蔽与玄妙之处，以及理解事物的共性及其法则。终究至于"玄览"，深刻地认识事物的全貌，整体把握事物的规律。

其四，在情欲心理思想方面，老子有慈勇说、无欲说等，又认为人的生性是素朴的，但因圣智、仁义、巧利等影响，会变得性亏德离，故主张"绝圣弃智""绝仁弃义""绝巧弃利"（十九章），以便"常德乃足，复归于朴"（二十八章）。

老子又曰："我无为而民自化，我好静而民自正，我无事而民自富，我无欲而民自朴。"（五十七章）这是倡导小国寡民无为而治的社会与相应的社会心理学。特别值得一说的是，国外还将《老子》运用于心理治疗中。可参见拙著《读老子》（上海辞书出版社）所述。

### 《老子》与逻辑学

《老子》在逻辑学上的丰富宝藏颇可发掘，虽然"逻辑"之称出自西方的"逻各斯"，但是中国古代的名学与此逻辑学颇为相当。

逻辑学家汪奠基曾对《道德经》作出了较系统而深刻的研究。他认为："这是一部古代朴素辩证法的理论专书。作为古代逻辑思想认识来说，是一部讲'道'的范畴的自然逻辑论著""无名论是老子论自然逻辑的基本思想"。他还具体分析了"老子的朴素辩证概念与各学科的关系",认为老子的"自然辩证范畴的概念,一般都是得自当时科学经验或历史经验的成果;今本《道德经》中许多理论,都是对这些经验成果辩证的总结"。

譬如老子曾提出了"无名论"。老子曰:"道可道,非常道;名可名,非常名。"(一章)认为"道"可以区分为"可道""常道"等,而名亦然可以相应地区别为"可名""常名"等。关于老子的推论形式,学者又指出,《道德经》里遗留了一些有关推论的特殊形式,大多与老子的朴素辩证思维形式是不可分的,如其中的"正反推论式""曲全推论式""概推法"等。虽然这些推论式并没有从逻辑思维法则方面作出什么规定,但是就《道德经》本身来看,确实形成了一些独特的表述形式。这就中国古代逻辑史来说,是值得把它提出来研究的。

譬如从正反推论式来看,汪奠基认为老子在逻辑思想上,是偏于古代直观的唯物论者。他对于自然逻辑的范畴找到了所谓"有无""同异""常可"等有关道的观念形式,因而发现了"有无""同异""常可"以及"是非"等正反概念的转变关系,进而提出了"正言若反"的表述方式,并以之作为论证自然、社会诸方面正反辩证的思维形式。例如"天下皆知美之为美,斯恶已;皆知善之为善,斯不善已"(二章),这就是一种朴素的辩证的结论。

这种抽象的反证形式,最简单的形式,譬如"不自见故明"(二十二章),而与之相反的论断为"自见者不明"(二十四章)。

按照我们今天的逻辑说，老子"正言若反"的形式，可能意识到这两个判断间的关系是有"蕴含性"，而不是"对称"与"同一"的存在表现。换句话说，如果所有"见"是"明"之一，则"见"蕴含着"明"；但是有的"明"如"太阳""光"等，并不是"见""自见"或"私见"，即不能与"明"同称，所以"明"不蕴含"自见"或"私见"。因为判断中的概念从属关系，并非"对称"与"同一"的，由是很自然地推得"自见者不明"的矛盾关系：如果"自见者不明"（理由），则"不自见者故明"（推断可能）；如果"不自见者故明"（理由），则"自见者不明"（推断可能）。这里从正负不同的理由出发，有了相反的推断，论证中后一理由的推断，正是前者的"反证"，结合前后两种可能的推断，就自然可以得出结论，所谓："故有道者不处于自见"（"于自见"的三字，系补足原文之义）。由此可见，老子的正反推论，原则上确实假定了证明的逻辑关系为：理由正确，则推断正确。

演绎、归纳、分析与综合的各种推论形式和方法，老子都普遍地运用着。这又可归纳出正反推论式、曲全推论式、概推法等，其余如演绎、归纳、分析与综合的各种推论形式和方法都很普遍地运用着。再如，纯粹哲学思想方法的直观法，又可分两种形式：一是"微明"或"袭明"，或称"见小""作细"的分析方法，三十六章即是此法；一是"玄通"，或名"玄同"的方法，五十六章即是此法（以上参见汪奠基《中国逻辑思想史》）。学者的这些论说很值得参考借鉴，并可有助于进一步的深入研究。

《老子》与美学、艺术

从文本上看，老子论说美和艺术的似乎不多，但其实内涵深广，影响甚远。老子曰："天下皆知美之为美，斯恶矣。"（二章）此论"美"与"恶（丑）"是相比较而存在与彰显的。老子又曰："美之与恶，相去何若？"老子于审美揭示出"美"与"恶（丑）"之间的相互依存，互为条件的相对论。《老子》内蕴的美学范畴颇多，如道、气、象、实、虚、味、妙，以及虚静、玄览、自然等等，均对中国古典美学的形成有很大的影响。

老子审美理念赞美素朴，崇尚自然，排除"五色""五音""五味"等种种世俗的刺激，保持一种无知、无私、无欲的精神状态。如老子曰："五色令人目盲，五音令人耳聋，五味令人口爽，驰骋畋猎令人心发狂，难得之货令人行妨。是以圣人为腹不为目，故去彼取此。"（十二章）再如老子的"大音希声"（四十一章）是对音乐审美的精警启示。后来《庄子》还举出两种"大音希声"的典型：一是《庄子·天地》："无声之中，独闻和焉。"二是《庄子·知北游》："天地有大美而不言。"钱锺书精辟地论说过"大音希声"，并列举出许多例证：如《庄子·天地》之"无声之中，独闻和焉"，即此意；陆机《（演）连珠》之"繁会之音，生于绝弦"、白居易《琵琶行》之"此时无声胜有声"，其庶几乎。钱锺书又申论："聆乐时每有听于无声之境。乐中音声之作与止，交织辅佐，相宣互衬。"马融《长笛赋》已摹写之："寂之于音，或为先声，或为遗响，当声之无，有声之用。是以有绝响或阒响之静，亦有蕴响或酝响之静。静故曰'希声'，虽'希声'而蕴响酝响，是谓'大音'。"（《管锥编》第二册）

老子曰："乐与饵，过客止。"（三十五章）"乐"，是指音乐、丝竹宫商。"饵"，是指饮食的美滋美味。因其审美而使人遇到了就会停下来，欣赏音乐，品尝美味。这是生活中都能感知到的审美活动，然而张乐设饵果然能留止过客，乐阕饵尽，过客则散。确实如此，音乐听够了就不听了，美食吃足了就不吃了，过客是来了但又走了。因此"乐"与"饵"之用是有限的、有尽头的。老子描写这些，是为了比较大道及其大美，然而遗憾的是世人于此反而无知无赏。

老子曰："为学日益，为道日损。损之又损，以至于无为，无为而无不为。"（四十八章）这给艺术创作等带来不少的启迪。有论者说："这样一种否定性的运思方式，作为一种独特的思维模式，它影响后世的文化思维和艺术创作理念，提供的是思维方式上的理论支撑。损却荣华杂多，复归原朴本真是可与其触类旁通的同质性原理，甚至可以说这样的运思方式最终必然得出这样的观念，洗却铅华、不择文饰而最终臻于'极炼至于不炼'的艺术之境。是否定'错彩镂金'而臻于'出水芙蓉'的自然清新的艺术之境,这样的思维路向无疑为此提供了思想的支撑。"(王振复等《中国美学范畴史》第一卷)再如,老子的"涤除玄览"命题,是对审美观照中的心理状态进行分析,指出对于"道"的观照必须保持心灵的虚寂清静,要去掉一切急功好利的私欲,达到良好的心理状态。后来庄子发展为"心斋""坐忘"等命题。

老子反世俗之审美,然而就在否定此种审美之中便有了再审美。老子提倡与向往的是"见素抱朴"(十九章),提倡素朴之审美,不染不杂,不雕不琢,一种真实的本真之美。《庄子》就赞扬这种美为至美:"朴素而天下莫能与之争美。"若至于说到人之大美,则就是"少私寡欲""见素抱朴""大巧若拙了"。

《老子》与文学、语言学

《老子》文学与语言之高妙,后人赞之不绝。徐梵澄于六十六章就写下很有意趣的评论:古之行文无定法,推理无定式,皆无谬误也,而思惟也不流于枯槁。此章以"江海"为说。譬喻在前,取譬者居后。在《诗》则六艺之"比"也。上、下《经》中数数用比,数数用韵,皆可谓古诗之遗风。其时道术未裂,百家未分,民族之生命力雄厚磅礴,文化创作,笃实光辉。往往诗情、哲理、文思、玄言,皆镕铸于一炉,成为瑰宝(《老子臆解》)。这对今人理解《老子》一书的行文、笔法、理路、造诣是有启发作用的。

《老子》其书,一方面就如汉代辕固生所称,老子书为"家人言"，有些地方通俗、简明得就像在家里谈论一样；然而并非全是如此，有些地方则朦胧难晓。

《老子》将哲理、诗情、文思、玄言、古谚、意象、音韵等，融铸一炉，成为智慧的瑰宝。《老子》行文多用诗的形式，是哲学的诗，诗的哲学。其中频频用诗句达意，用诗旨明理，用诗境晓道，用诗心言志，然而读者却又往往困惑于诗无达诂。其中名言联翩，警句迭出，且跳跃而跌宕，然而读者困惑在若连还断。其中意象深邃，但是读者困惑在浑穆模糊，颇难寻绎。其中觉境高远，但是读者困惑在缥缈恍惚，尤难逼察。尤其或有流传中的断简错简，或有后人整理中的增减变易，因此梳理既已不易，解读起来的看法也各异。任继愈《老子绎读》里说："《老子》原文简练，又是以诗的形式写出的。"《老子研究的方法问题》又申论："老子的哲学，时代较早，老子哲学用的是诗的形式。诗是一种形象思维的表达方式。形象思维并不是不深刻，而是区别于抽象思维的逻辑分析方式，和抽象思维可以具备同样的洞察事物的深度和广度。如果《老子》只是诗，那就简单了，问题它不仅是诗，而且是'哲理诗'。"又因其为诗，故频频使用押韵，有些句子还常常省略，如省去联系词、代名词以至一句的主语，这对阅读也带来某些困难。

《老子》谈哲学，但常有出色的意象描绘，如溪、谷、水、江、海、母、赤子、门、户、牖、室、车、辐、毂、刍狗、橐籥、弓、飘风、骤雨、乐、饵、玉、石、戎马、虎兕、蜂虿、虺蛇、小鲜、大匠、鸡犬等等，无不警动生辉。老子曰："大辩若讷。"（四十五章）探寻大道之真谛，深究事物本质及其规律的论辩，出言必须谨慎再谨慎，吐辞必须斟酌再斟酌，因此有的行文就如讷讷难言者。

读《老子》，似乎总觉得一些地方有矛盾，但是悉心体会并非如此。其中一种情况就是一词多用，一词多义，同一物也是如此，或可贬，或可褒。例如"玉"就是如此，亦可悉心体会。老子曰："故致数舆无舆，不欲琭琭如玉，珞珞如石。"（三十九章）然而老子又曰："是以圣人被褐怀玉。"（七十章）前例中的"玉"是从否定角度来说的，后一例却又是肯定且赞美的。

《老子》的修辞可谓琳琅满目。例如"故以智治国，国之贼；不以智治国，国之福（按，此既作正反对偶，又用'国'字巧妙顶针，或称顶真）。知此两者，亦稽式。常知稽式，是谓玄德。玄德深矣（'玄德'顶针，此句连用顶针），远矣，与物反矣，然后乃至大顺。"（六十五章）老子还喜用排比句式，屡屡见之。如三十九章，先是六句排比，选用重复出现的"得一以"前后连锁；紧接着再作六句排比，选用重复出现的"无以……将"连锁，十二句前后紧连，文义绵密，文势浩荡。

《老子》行文之修辞确是绝妙一流的。梁代的萧统《文选序》说："老庄之作、管孟之流，盖立意为宗，不以能文为本。"这话没有全对，比如老子、庄子之作不仅以高妙的立意为本，也特别注重文采，善于修辞，且琳琅满目，精彩纷呈。修辞学家郑子瑜就说：
"一部《道德经》，却是用绝好的修辞技巧写成的。"又说老子的
"至虚极，守静笃"，这实在是六朝骈俪文的滥觞。谢庄《月赋》有
"收妙舞，弛清轩"，"去烛房，即月殿"的三字对，分明是本自《道
德经》的（《郑子瑜学术论著自选集》）。确实《老子》的比喻、排
比、顶针、联珠、对偶、骈俪等，妙语迭出，不遑枚举。

钱锺书《管锥编》第二册里对《老子》修辞里的"翻案语"
（paradox）、"冤亲词"（oxymoron）有专门的揭示，并详细地分
析了老子的"正言若反"。钱锺书所论深刻，而引进西方修辞用语
来观照上古的《老子》一书，尤其有启迪作用。

老子又是运用模糊语言的高手。老子论道曰："其上不皦，
其下不昧，绳绳不可名，复归于无物。是谓无状之状，无物之象，
是谓惚恍。迎之不见其首，随之不见其后。"（十四章）这就是使
用模糊语言的一则典范。老子极擅长连续地将经验世界里的清
晰的意象、表达、概念、判断等不断地否定、消解、去清晰化，演
为解构之后模糊的、不确定的、隐隐约约的意象、表达、概念、判
断。朱谦之指出，《老子》状道之要妙，多为支离恍惚之辞，或曰
若、曰如、曰似、曰将、曰欲，皆此旨也（《老子校释》）。老子"多
为支离恍惚之辞"，其实不仅是这些用词，还表现在如上所说的
多个方面，这也就是模糊语言的使用。因为老子使用的是模糊的
语言，且又是模糊的哲学语言，更加使人恍惚不明，惚恍不辨。

譬如老子的那种表达方式，用语指谓的多重，词意的变幻莫定等等，使得几千年来不仅一般读者难懂，专门的研究家也所见不同，且纷争不息。当然《老子》大多数的地方是很显豁易明的，且成为百姓口中广为流播的名言警句。

有时候老子是不得不使用模糊语言，因为道确实是无法用精确语言、词汇来表述其恍恍惚惚、惚惚恍恍的，使用模糊语言或许就是最佳的选择。张松如说："老子一书，文简意深，字多殊谊，各家笺注，每生歧义；但是只要不存成见的潜心研读，还是可以得出接近平实的确解的。"（《老子说解》）

老子曰："言有宗，事有君。"这句话表明自己说的五千言是有宗旨的。又曰："吾言甚易知，甚易行；天下莫能知，莫能行。"（七十章）这是为什么？方东美解读：老子所以自称其言甚易知，而世人辄慨叹其词极难解者，表达方式故。如上所言，此盖由于老子用语指谓多重，词意变幻莫定，有以致之。在他看来倘使其中诸关键字眼，如"道、常、无、有"等，皆依上下文义，而另以大体、凸体、小体，乃至藉助撇号等方式，妥予标明之，则举凡其一切自然义、绝对义、相对义、寻常一般义乃至滑稽幽默、特殊突梯义等，皆莫不可使之一一明白显豁，毫无暧昧，何难解之有？惜前人向未此之图，致其精句隽语，辞约旨远，释者纷纭，言人人殊（《老子体系》）。当然若能得老子立言的宗旨，则也必能豁然开朗的。

《老子》不仅屡见其名言警句千年名世，且酿造出许多成语，流芳百代。如"治大国若烹小鲜""千里之行，始于足下""九层高台，起于累土""天道无亲，常与善人""知者不言，言者不知""天网恢恢，疏而不失"等。再有成语如"和光同尘""塞兑闭门""无知无欲""上善若水""进道若退""大白若辱""大音希声""大象无形""大方无隅""大成若缺""大辩若讷""大巧若拙""大盈若冲""大直若屈""戎马生郊""去甚去泰""被褐怀玉""被褐怀珠""被褐怀宝""被褐藏辉""宠辱若惊""天长地久""天大地大""天道好还""天道无亲""天网恢恢""天道恢恢""美言不信""绝圣弃智""金玉满堂""哀兵必胜""佳兵不祥""小国寡民""鸡犬相闻""深根固柢""长生久视"等等。

《老子》与上古音韵学也当一说。全书八十一章，用韵甚多，甚至有的全章押韵，句句入韵，如四十四章。《老子》的用韵，其韵例、内含的韵部，对上古音韵学的研究是一宗宝贵的财富。不少学者对此作出了研究，宋吴棫已开其端，后又有顾炎武《唐韵正》、姚文田《古音谐》、江有诰《先秦韵读》、刘师培《老子韵表》等，于五千言之中，句求字索，使韵理日明。

今人如朱谦之《老子校释》对《老子》的音韵研究，用力甚深，每一章均作出了考证，并总结撰作了《老子韵例》。其有说："李道纯曰：'此《经》文辞多叶韵。'邓廷桢曰：'诸子多有韵之文，惟《老子》独密；《易》《诗》而外，斯为最古矣。'刘师培曰：

'欲考古韵之分，古必考周代有韵之书；而周代之书，其纯用韵文者，舍《易经》《离骚》而外，莫若《老子》。'今试以江有诰《老子韵读》为主，参之以吴棫之《韵补》、顾炎武之《唐韵正》、江永之《古韵标准》、姚文田之《古音谐》、邓廷桢之《双砚斋笔记》（卷三）、李庚芸之《炳烛编》，推求经文古韵，句求字索。又刘师培、奚侗、陈柱及高本汉之《老子韵考》说《老子》古音，颇多肊说，亦有可取者，间附以己见，然后知五千文率谐声律，斐然成章。韵理既明，则其哲学诗之为美者可知矣。"《老子》是用诗韵的高手，写出了美妙的哲学诗歌，而其所用韵，又是研究上古韵难得的资料。后来刘笑敢于《老子》音韵研究义做出了新的拓展。他对《老子》中的韵文部分与《诗经》《楚辞》的韵文格律做出了全面的分析、统计和比较，《老子》中韵文部分的句式（灵活多变而以四字句为相对多数）、韵式（句句韵、偶句韵、叠韵、交韵、富韵、密韵）、合韵、回环往复或复沓的修辞手法（句与句、章与章、顶真、倒字换韵）等方面与《诗经》的风格若合符节，与《楚辞》的风格恰成不同的对照。由此再推论：《老子》韵文格律自身的一致性，及其与《诗经》语言风格的一致性，说明它的主体部分大体是同一时期、同一作者的作品，应该是在《诗经》风格尚流行时期的产物，后人增添的内容较少，因此没有影响到它文风的统一性。由此再参照司马迁的记载，假定《老子》是春秋末年大体完成的作品，比其他假说有更多、更客观、更一致的文献学、语言学和数据统计的根据（刘笑敢《老子：年代新考与思想新铨》）。这是由《老子》的音韵研究切入，而延伸至于《老子》年代的推测。

## 《老子》的当代价值

《老子》的核心价值是永恒的。老子曰："死而不亡者寿。"（三十三章）斯人虽已长逝，然而逝而不亡；此典虽历万劫，然而终究不朽。《老子》在当代已经凸现并将不断彰显出以往历史时代所不能比拟的巨大价值特征，因为《老子》已经度越阡陌，更广更深地走向了世界。

随着"全球化"进程的推进、现代化的高度发展、科技的大踏步前进，当代人的物质的、文化的、精神的种种优裕享受，是古人无法想象的。然而，当今世界，国际争端不断，反恐形式严峻，生态恶化，局部战争此起彼伏，新生病毒威胁人类，现代文明不断遭遇到前所未有的挑战与危机。21世纪，和平与战争、发展与代价、成就与丧失、进步与退步、物质与心灵等方面的矛盾与冲突，在更为普泛的广度上与更为深刻的层面上错综复杂地纠缠着新世纪的人们。

因此，人们一直在孜孜汲汲地寻找对策。如何努力维护世界和平？如何构建和谐人类新常态，促成公正合理的国际新秩序？如何促进全球经济持续发展、保护人类生态环境？如何探索和合理解决现代化内在矛盾？对于个体生命来说，面对时代嬗变、世事纷扰，怎样洒脱地生存？怎样做一个具有理想人格的高尚而幸福的人？如此等等问题，老子及其道家思想或许能再次彰显其重大的价值。事实上《老子》已得到世界日益广泛的关注与认同，展现出超越时代、民族和国界的强大的生命力，因为《老子》那里有着永不过时的智慧，依然可以指点迷津。

面对新的历史时空下不断遭遇的新矛盾、纠缠的新困惑、棘手的新问题，需要睿智地参悟、通变与化解。老子智慧深邃绝伦，给世人明确揭示，曰："反者道之动，弱者道之用。"（四十章）世界就是这样不停地运动、变动着，这是大道的运动规律，是不以人的主观意志为转移的，认为凝固不变是错的，不能适合这种道之动便被淘汰。人们必须尊道法道，且依道而动，与时俱进。其次还要把握道之动是"反"的，是否定式的，在不断的否定中前行。至于道之用，则要顺应于道，且必须"柔"，以柔至顺，以柔克刚，如此才能永远与大道偕行。

世界沧桑丕变，万事错综复杂，老子揭示智慧于世人，曰："道生之，德畜之，物形之，势成之。"（五十一章）一切当聚焦于"道""德""物""势"的四大关键要素，必掌控于"生""畜""形""成"的有序过程，如此终必导引至于成功之境地。

面对当代世事之纷扰，要有效地应对与化解，老子的核心理念与智慧当有启迪。有曰："是以万物莫不尊道而贵德。道之尊，德之贵，夫莫之命而常自然。"（五十一章）不是在已有的纷扰上增添纷乱，而是要向着"尊道而贵德"导引，而最后归趋的便是"莫之命而常自然"。这是值得关注的老子重要的哲学基础与逻辑之链。

新世纪，社会必将再进步，科技必将再突破，生态必待再保护，环境必待再优化，老子指出最可取法者，便是天、地、道、自然。如老子曰："人法地，地法天，天法道，道法自然。"（二十五章）此"四法"中，老子给人类生存与发展指出了一条永远的光明大道。

老子还告诫人生的"三宝"，曰："我有三宝，持而保之：一曰慈，二曰俭，三曰不敢为天下先。"（六十七章）"慈"，便是爱，我爱别人，别人爱我，让世界充满爱，或者渐增其爱，彼此和谐相处。"俭"为又一宝，世人若能真知俭约，节源节流，节物节能，人与自然便会和谐，世人生活得将更好。"不敢为天下先"之宝，是处事与人际交往中能谦下退让，然则虽下而能上，虽退而能进。

新世纪里，世上局部地区的冲突、战争依然不断。老子有言："以道佐人主者，不以兵强天下，其事好还。师之所处，荆棘生焉。大军之后，必有凶年。"（三十章）战争的危害是不言而喻的，招来的报复也是屡屡不爽的。

　　随着社会的进步，人们生活的物欲也随之增加，困扰、烦恼也随之而来。其实老子早有谆谆教诲："知足者富。"（三十三章）"知足不辱，知止不殆。"（四十四章）"祸莫大于不知足，咎莫大于欲得。故知足之足，常足矣。"（四十六章）真正的幸福必由此获得，背道而驰者则屡遭耻辱、祸害、危殆，且是动辄得咎，咎由自取。

　　《老子》这部永恒的经典，开放式、启迪式地面对数千年之后的当下以及未来的阅读者与研究者。它不仅有精湛的撰写技巧，更具思辨性的语言、丰富的思维方式、巧妙的思维表述，并由此传达出深邃广袤的思维的、哲学的内涵，以及关于自然的、社会的、历史的、人生的大智慧。《老子》引导人们静观，又作玄览，并在面临的各种矛盾中辩证地从对立与对峙中化解而出，从而作出更高层次的跃进。《老子》就是世人获取智慧的优渥之源。它又会促使叩问者、问道者，从文本里升华出来，超越语言、逻辑、命题，而获得真谛与解决问题的方向、途径与智慧。其实每个民族都会不时地通过对古代文明、文化的再发现与新认识，获得新的力量与智慧的来源。

　　当代的现实已经最好地启示了人们。试看《老子》已经由原来的哲学经典、道教教典而渐深渐广地渗透、拓展至于当代学术的诸多学科、社会的诸多方面、需求的诸多维度、中外的诸多区域，出现了更为广阔、纵深、多元的研究、运用、再生、获益的景境。当代《老子》之学不仅在中国，且在世界范围越发被看重，在哲学、逻辑学、政治学、历史学、美学、教育学、伦理学、宗教等方面，得到更为深入的研究，同时在经济、管理、生态、战争、商业、人生等方面都有了新的研究、阐发与运用。

21世纪的当代，在哲学家看来，《老子》这一哲学原典会继续生发出许多新的哲学价值与启迪。从道家、道教的研究来看，在新时空下将得到延续与发展，《老子》经典依然内蕴富有，有待开掘。再如政治家、经济学家看来，《老子》是谈治国、理政、搞经济的要籍，许多宝贵的理念与箴言，在当代依然振聋发聩。老子的"无为而无不为"，依然不失为大智慧。老子曰："治大国若烹小鲜。"此为永不过时的谆谆教诲。军事家看来，《老子》亦是谈兵法的宝贵典籍。企业管理者更将《老子》当作讲述管理之道的杰作。商家看来，《老子》是揭示经商之道的宝典。艺术家看来，《老子》是谈艺术与审美的经典。养生者看来，《老子》是谈养生长寿的必读之书。对当代百姓来说，《老子》也是指引幸福、健康、成功的一本宝典。

总之，研读《老子》让当代人的心灵得到智慧甘泉的滋润，从而可以元气沛然地面对万变的世界与复杂的人生。人们若能熟读《老子》之文，涵泳其立言之旨，渐行渐进，渐潜渐深，那么犹若渐渍汪洋，观智慧之浪涛搏击，察道术之风云际会，步步走入《老子》智慧的奥妙处。学老子之智慧，仍需契悟、领悟、了悟、觉悟，特重一个"悟"字耳。当然，如宋吕惠卿所云："闻道易，得道难；得道易，守道难。"这种在比较中的递进逻辑，显示了境界的进层问题。

《老子》不仅惠及国人，也已走向世界。据说早在唐玄宗时期，由玄奘与成玄英等用梵文译成的《老子》已经踏出了国门。据有关学者考证，老子思想在日本的传播已有了一千四五百年的历史。1778年，一位天主教的传教士，将《道德经》带回了英国。后来罗马主教教士波捷用拉丁文翻译了《道德经》。再后来，《道德经》1842年译成法文，1870年译成德文，1884年译成英文。德国电视台曾有一项调查，表明老子是德国人心中"最知名的中国人"。又有人说："《道德经》的英译本或许比世界上任何其他著作的英译本都要多。"（［美］安乐哲、郝大维《道不远人——比较哲学视域中的老子》）世界各领域的众多名人，如托尔斯泰、黑格尔、尼采、罗素、海德格尔、爱因斯坦、李约瑟、卡普拉、汤川秀树、里根、尼克松、梅德韦杰夫等等，均与《老子》结缘，这就是经典的魅力。《老子》在当代为越来越多的世人所喜爱。

道蕴玄妙，德寓要妙，经纬众妙，《道德经》建构了一个以道为内核而网罗万有、恢宏开放的思想体系，使得一代代来者可以不断触悟。《老子》一如智慧之江海，使得世人懂得并践行"上善若水"般的"居善地，心善渊，与善仁，言善信，正善治，事善能，动善时"（八章）。人与人、国与国、人类与自然之间走向和谐，那么人类的生存态就是若水上善之境界了。此言虽意远思深，似乎"超尘世"，其实正是"接地气"地站在人类智慧的高度上明智鉴察，是对一代代来者的卓越引领！

## 《老子》的版本流变

《老子》传本和注疏种类很多，或许在先秦诸子作品中是流传最多的一种。元代张与材《道德玄经原旨·序》有曰："《道德》八十一章，注者三千余家。"1927年，王重民著《老子考》，收录敦煌写本、道观碑本和历代木刻与排印本，共存目四百五十余种。1965年，严灵峰辑《无求备斋老子集成》，计初、续、补三辑，共收录三百五十六种。《老子》版本及其流传情况很复杂，现将其中影响较大的举例如下。

一、《韩非子》所据版本

此版本具体情况不清楚，韩非也不是逐句解释全文，但从里面的《解老》与《喻老》可发现《德经》在前、《道经》在后。这和河上公本、王弼本等《德经》在后、《道经》在前不一致，然而后来出土的帛书可证明有的本子确实《德经》在前、《道经》在后。可见《老子》版本的多样与复杂，而韩非所见本子当是一个较早的定本。

二、河上公本，或称河上本

此即为《老子河上公章句》，或称《河上公老子章句》《道德真经河上公注》《老子河上公注》等。此本初载于《隋书·经籍志》："《老子道德经》二卷，周柱下史李耳撰。汉文帝时河上公注。"葛玄《序》曰："河上公者，莫知其姓名也，汉孝文皇帝时结草为庵于河之滨，常读《老子道德经》。"《史记》太史公称之为"河上丈人"。传说他以所注《老子》授文帝。此本或也认为非汉人所撰，如说"出王弼之后伪作"（马叙伦《读两汉书记》），如说为"葛洪派道教徒撰写的一部著作"（《中国哲学》第七辑文）等。所传老子《道德经注》，或疑为后人伪托。然而学者考证其在三国时已经流行，当作于东汉，而托名河上公，并标"章句"之名。如冯友兰、王明、张岱年等认为应该是东汉时期不知道名的隐士所作，当在王弼注之前。此版本影响深远。

河上公之注，通俗易晓，然而义理宏大，在治国与治身方面多有融通，尤其在养生方面阐述丰富，为研究《老子》的重要文献，且已成通行本。司马贞曰："又注《老子》河上公，盖凭虚立号，汉史实无其人。然其注以养神为宗，以无为为体。其辞近，其理宏，小足以修身累诚，大可以宁人安国。且河上公虽曰注书，即文立教，皆旨词明近用，斯可谓知言矣。"（王溥《唐会要》卷七十七）此本在道教中研习者尤多，对道教文化影响甚深。

三、严遵本，或称严本

严遵（生卒年月不详），或称庄遵，字君平，其著作现在能见到的是《老子注》与《老子指归》。严遵本《老子》，今所存虽然不全，但所留存下来的内容对后代亦影响深远。

严遵事迹见于《汉书》卷七十二，有载西汉成帝时，他卜筮于成都市，每日只卜数人，为人言说吉凶利害。得百钱足以自养，即闭肆下帘讲授《老子》，博览无不通，为蜀人所敬重。扬雄少时曾从其学，后显名京师长安，屡加称颂。传说他活了九十几岁。严遵之《道德真经指归》，《隋书·经籍志》称《老子指归》，已阙失前六卷，现存七卷。《四库全书》疑为伪书。张岱年、王利器等考证认为非伪。

《老子指归》其注精湛。譬如发挥《老子》关于道的自然无为的思想，曰："夫天人之生也，形因于气，气因于和，和因于神明，神明因于道德，道德因于自然，万物以存。"（道生一篇）这里的"自然"即道，指事物运动的规律。又认为道是"虚之虚者""无之无者""天地体之，久而不衰"的本体。其"道开虚无"的本体论，与"体玄""守和"的认识论、方法论，"无为""守分"的政治哲学相结合，构成其自名为"玄教"的思想体系。此著注解《老子》较精深，为魏晋玄学的重要思想来源。《华阳国志》载："君平专精大《易》，耽于《老》《庄》，著《指归》。"透露其注释《道德真经指归》的某些信息，即能在《易》《老》之间挹此注彼、融释彼此的特点。后世学者于此书也极为推重。如蒙文通《严君平道德指归论佚文序》曾评论："《道德经指归》一书，文义高奥；唐宋道家，颇取为说。其地位之重，仅次河公。"此评不为虚誉。

四、王弼本，或称王本

王弼（226—249），字辅嗣，三国魏名士、玄学家，著有《老子注》，或称《老子道德经注》等，此版本影响甚为深远，成为重要的通行本。王弼《老子注》版本甚多，主要有明正统年间《道藏本》、商务印书馆《四部备要本》等。我们采用的是清光绪元年浙江书局重刻明华亭张子象本。

再略说其注，则如《老子道德经音义》曰："其后谈论者，莫不宗尚玄言，唯王辅嗣妙得虚无之旨。"宋代晁说之曾评曰："王弼《老子道德经》二卷，真得老子之学欤"，"尝谓弼之于《老子》"，"成一家之学，后世虽有作者，未易加也"。《世说新语·文学》载：何晏，字平叔，其"注《老子》始成，诣王辅嗣，见王注精奇，乃神伏，曰：'若斯人，可与论天人之际矣！'因以所注为《道德二论》"。王注十分精湛，发挥了老子"有生于无"的思想，指出"天下之物，皆以有为生。有之所始，以无为本。将欲全有，必反于无也"（四十章注）。王弼又认为"万物虽贵，以无为用，不能舍无以为体也"（三十八章注）。其学说认为"无"是世界万物万有的本体，万物不能舍弃那个以无为本体的道，开创了魏晋玄学的思潮。

五、傅奕本，或称傅本、古本

唐代傅奕（555—639），通晓天文历法，高祖时，任太史令，其反佛斗争在社会上产生影响，注《老子》《老子音义》，均佚。傅奕根据当时所见的《老子》古本考订而成《道德经古本篇》，分为《道经古本篇上》三十七章、《德经古本篇下》四十四章，每章后有注，如"右第一章五十九言"等，其分章分篇与今本同。此本主要依据北齐后主高纬武平五年（574）彭城人掘开项羽妾墓所出的老子古本，即所谓"项羽妾本"。傅奕校定的本子一定程度上保存了《老子》古本的面貌，或认为其时代与帛书本较接近。

六、唐代石刻本与敦煌写本

主要的石刻本，有景龙本，即河北易县的唐景龙二年（708）《易州龙兴观道德经碑》；御注本，即河北易县的唐开元二十六年（738）《易州龙兴观御注道德经幢》；邢玄本，即河北邢台县的唐开元二十七年（739）《邢州龙兴观道德经幢》；广明本，即镇江焦山的唐广明元年（880）《泰州道德经幢》；景福本，即河北易县的唐景福二年（893）《易州龙兴观道德经碑》；楼正本，陕西周至县的唐（无年月）《楼观台道德经碑》等。这些石本常被学者用于《老子》的校勘。

《老子》敦煌写本数量可观，研究者不少，成果也颇丰。研究者常有据《西陲秘籍丛残》之载《老子》所录来校勘的，如敦煌甲本录残卷首章至五章,乙本录残卷九章至十四章,丙本录残卷十章至十五章,丁本录残卷二十七章至三十六章,戊本录残卷三十九章至四十一章,己本录残卷四十一章至五十五章。以上均为唐人写本。另外有敦煌庚本,是敦煌六朝写本,录残卷五十七章至八十一章;敦煌辛本(《鸣沙石室古籍丛残》),为唐人写本,录有成玄英《道德经开题序诀义疏》,以及六十章至八十章;敦煌壬本,唐人写本(《西陲秘籍丛残》),录残卷六十三章至七十三章;再有敦煌英本,录唐人写本,十章至三十七章,英国伦敦图书馆藏。另外在敦煌写本里还发现了《老子想尔注》、唐代李荣的《老子注》等重要材料。

七、宋、元的石刻本

宋代有庆阳本,景祐四年(1037)甘肃《天真观道德经幢》,存庆阳县;又有杭州本,宋(年月不详)浙江《吴山崇义祠道德经幢》,存杭州。

元代有楼古本,即至元二十七年(1290)陕西《楼观台道德经碑》;又有磻溪本,大德三年(1299)陕西《宝鸡磻溪宫道德经幢》,今存陕西宝鸡县;又有赵孟頫本,延祐三年(1316)赵孟頫书《道德经》石刻,今存北京白云观。另有古代石刻,如《遂州道德经碑》(《道藏》),称遂州碑本;又有《天台经幢》,称天台经幢本(参见朱谦之《老子校释》)。

总之,《老子》流传的版本甚多,呈现出众多面目,同异之间颇复杂，于是争论不断，见解纷纭；但大体构架与意旨是大同小异的。关于古代一些版本以及各本的字数，南宋末年彭耜《道德真经集注》在篇末"杂说"有一记载："观复高士谢守灏曰：《道德经》唐傅奕考核众本，勘数其字云：项羽妾本，齐武平五年，彭城人开项羽妾冢得之。安丘望之本，魏太和中，道士寇谦之得之。河上丈人本，齐处士仇岳传之。三家本有五千七百二十二字，与韩非《喻老》相参。又洛阳有官本，五千六百三十五字。王弼本，有五千六百八十三字，或五千六百一十字。河上公本，有五千三百五十五字，或五千五百九十字。并诸家之注，多少参差，然历年既久，各信所传。或以佗本相参，故舛戾不一。《史记》司马迁云：'老子著书，言道德之意，五千余言。'但不满六千，则是五千余矣。今道家相传，谓老子为五千文，盖举其全数也。"

另有学者作出概括，也可供参考。朱谦之《老子校释》其序文说："《老子道德经》旧本，流传最广者，有河上公、王弼二种。河上本近民间系统，文句简古，其流派为景龙碑本、遂州碑本与敦煌本，多古字，亦杂俗俚。王本属文人系统，文笔晓畅，其流派为苏辙、陆希声、吴澄诸本，多善属文，而参错己见，与古《老子》相远。自开元《御注》本出，因时世俗尚，依违于河上、王弼二本之间。今所见正统《道藏》中者，非从开元《御注》如强思齐、杜光庭、李约、刘惟永辈，即从政和《御注》如李霖、邵若愚、江澂、彭耜诸本。若明太祖，则上承吴澄，下开《大典》，其皆非六朝旧本，

293

固无可疑也。然则言旧本者，严遵与傅奕尚矣。严遵本与河上本相接近，傅奕则王弼本之发展，此为《老子》旧本之两大系统。"然而，后来帛书本、竹简本的出土，学者对版本的流传又有了新的认识与见解。

八、帛书本《老子》

1973年冬，湖南长沙马王堆三号汉墓出土帛书《老子》甲乙两种抄本。甲本用半幅帛抄写，字体在篆隶之间，存一百七十行四千二百余字。乙本用整幅帛抄写，字体为隶书，存一百五十二行五千余字。两抄本内容大体相同，均是《德经》在前，《道经》在后，然而和传世的今本相对照出入不少，如章次、文字等均有不同于今本之处。两本均抄成于西汉初年，作为当时流行的黄老学说的重要典籍。帛书甲本不避汉高祖刘邦之讳，当抄写于刘邦称帝之前，年代不会晚于公元前202年。乙本避"邦"字讳，当抄写于惠帝刘盈、文帝刘恒之前。另外乙本卷前附古佚书四篇，通称《黄帝四经》。

帛书本的发现，使得学者们首次可以用地下出土材料来展开两重证据法的研究。帛书《老子》廓清了不少聚讼不已的疑难，使人们对于《老子》的古本有了崭新的认识，但是又生发出许多待解决的问题。譬如研究者认为帛书甲本、乙本当有共同的祖本，但是也可能各有自己直接的底本，帛书中同一章的文字多有不同，这说明祖本在流传中有了变化，形成了不同的本子。

九、楚竹简本《老子》

1993年，湖北荆门郭店一号楚墓出土了竹简《老子》，分为甲组、乙组、丙组三种。竹简本至少由三人分别抄写，且出现三种不同形制竹简，所据的祖本也不同，抄写的体例规范也有不同。甲、乙、丙三组之分，不是按照时间的先后，而是依据竹简形状以及编线契口位置的不同来分的。考古人员判断该墓的年代是战国中期，约公元前4世纪中叶，因此简本《老子》作为战国中期的传本，离《老子》成书年代又比帛书《老子》更接近了一步，有很高的学术价值。

竹简本甲，三十九枚竹简，一千多字，涉及相当于今本内容的有二十章，可分为五小组：（一）第十九章、六十六章、四十六章（中、下段）、三十章（上、中段）、十五章、六十四章（下段）、三十七章、六十三章、二章、三十二章；（二）第二十五章、五章（中段）；（三）第十六章（上段）；（四）第六十四章（上段）、五十六章、五十七章；（五）第五十五章、四十四章、四十章、九章。

竹简本乙，十八枚竹简，约三百八十字，涉及相当于今本内容的有八章，可分为三小组：（一）第五十九章、四十八章（上段）、二十章（上段）、十三章；（二）第四十一章，有残缺；（三）第五十二章中段、四十五章、五十四章。

竹简本丙，十四枚竹简，约二百六十字，涉及相当于今本内容的有五章，可分为四小组：（一）第十七章、十八章；（二）第三十五章;(三)第三十一章(中、下段);(四)第六十四章(下段)。此本与第一次发现的《太一生水》抄录在一起。

以上三本共约有一千七百字,相当于帛书本、今本的三分之一,其中相当于今本六十四章的内容出现了三次。竹简本章序与今本、帛书本有较大出入、文字也有不同。此竹简《老子》是战国中期的一种传本,或者是摘抄本,其年代比马王堆帛书《老子》约早出一百年,为当今所知的最早的古本,距离原始《老子》之祖本当又接近了些。

帛书本、竹简本《老子》的出土,解决了老学历史上一些聚讼不已的问题,也使研究者对《老子》的编排次序和文字衍变有了新的认识。先是帛书本的出土对传世本及其纷争起到了或肯定或否定的作用;再是竹简本的出土,对帛书本以及传世本起到了又一次的或肯定或否定的作用。于是或在反溯寻源的过程里,或作顺流而下的流变里,可以寻觅《老子》版本在流传中的肯定与否定、传承与加工的某些线索。譬如今本的六十四章,在竹简甲本为两段不联缀的文字,是相对独立的,且此中一段文字又在丙本基本相同地出现,可见后来才逐渐拼合起来形成为一章的。在帛书本里就看到了这一拼合的面目。确实,《老子》版本的渊源既早,流传过程复杂,或分或合,或同或异,然而总体骨架与脉络,还是在趋同相近。由此也可体悟,通行本的基本结构和内容,是经过了一个复杂的整合过程的。联想到今天,不少学者根据帛书、竹简本，孜孜汲汲地考证哪一个字、哪一词、哪一句以及一章之内哪些是老子的原文原貌，从而改正通行本。这让我们既可遥想古代的情景，又能了解到当今新一轮的本子多样、文句多异、众说不一的情况。

## 历代注疏、研究的评述

《老子》的注疏与诠释，极为丰富，琳琅多彩。战国时代《韩非子》里面有《解老》篇，侧重从道理上来解释《老子》；又有《喻老》篇，侧重用事例来喻明《老子》。尽管韩非的"解老"与"喻老"的目的是宣扬自己的哲学与思想，然而或当属历代《老子》注解的先驱者了。

再据《汉书·艺文志》著录，汉代有《老子邻氏经传》四篇（注：姓李，名耳，邻氏传其学）、《老子傅氏经说》三十七篇（注：述老子学）、《老子徐氏经说》六篇（注：徐氏字少季，临淮人，传《老子》）、刘向《说老子》四篇等，但当时均已亡佚。至于汉代《河上公老子注》、严遵著《老子指归》前文已述。

魏晋南北朝时期，吴人虞翻曾注释《老子》，见诸《隋书·经籍志》。再如前文已述的王弼，年十余即好《老子》，通辩能言，享得高名，曹魏吏部尚书何晏赞誉"后生可畏"，"可与论天人之际"。王弼《老子注》名声卓著，他还著有《老子指略》，是对所撰的《老子注》作出的精要总括。何邵《王弼传》："弼注《老子》，为之指归，致有理统，著道略论。"王弼两种均为老学名作。据《隋书·经籍志》所载，魏晋南北朝时期为《老子》著书立说者多达数十人，其中有皇帝如梁武帝、梁简文帝等，还有皈依佛门的僧人，更有不少硕学大儒。

唐代关于《老子》的注疏甚多，杜光庭《道德真经广圣义序》里言及唐代注释《老子》的有三十余家。唐玄宗有《御注道德真经》四卷、《道德真经疏》六卷。有人评论："自唐开元《御注》本出，始创异本勘合之风，玄宗《御注》即依违王弼、河上之间。兹后各家注释《老子》，无不选择善本，而善本的由来无非效法《御注》，即异本勘合，'择善而取'。"（四部要籍注疏丛刊《老子》，高明序）再如著名道士成玄英，号"西华法师"，推崇《道德经》和《庄子》。他的《道德真经义疏》六卷很有特色，以佛教的双遣法以及三业、六根之说来注疏，认为"道者，虚通之妙理，众生之正性也"，并以"玄之又玄"为体"道"的途径。再如王真《道德经论兵要义述》四卷，是从用兵的角度来解读《老子》，认为《老子》五千言"夫深衷微旨，未尝有一章不属于兵也"。杜光庭《道德真经广圣义》五十卷，则将儒、释、道三家理论共通地解释《老子》。

宋元时代注解《老子》者，据学者严灵峰统计"宋人之解《老子》者，百三十余家"（《老子宋注丛残》，台湾学生书局）。有研究者查考有关著录，宋代的《老子》的注者和研究者有七十八家，元代的注述者则有二十九家（熊铁基等《中国老学史》）。宋代王安石《老子注》（已佚，留存若干条，后容肇祖有《王安石老子注辑本》）与《论老子》文，再如苏辙《老子解》、朱熹对《老子》的不少评论、元代吴澄的《道德真经注》等都是影响较大者。

明清时代，据有关学者统计老学研究者大约有二百多家（《中国老学史》）。其中如薛蕙《老子集解》、焦竑《老子翼》、李贽《老子解》、王夫之《老子衍》、魏源《老子本义》、宋翔凤《老子章义》等，是从儒家来研究《老子》；王一清《道德经释辞》、陆长庚《老子道德经玄览》、李涵虚《道德经注释》等，是从道家来研究《老子》；释德清《老子道德经解》、杨文会《道德经发隐》等，是从佛家来研究《老子》。

其中如明代焦竑《老子翼》，辑录韩非以下注解《老子》者六十四家，所采诸说，大抵取之各道藏，再附上自己的评注。其旨意在阐发老子思想之本貌，力图澄清清净自然之理。明末清初王夫之《老子衍》，从"物与道为体，而物即道也"的观点出发，对老子哲学作出了批评和发展。在序言里指出："夫其所谓瑕者何也？天下之言道者，激俗而故反之，则不公；偶见而乐持之，则不经；凿慧而数扬之，则不祥。三者之失，老子兼之矣。"（《自序》）清代魏源《老子本义》，将《老子》通行本的八十一章合为六十八章，在引述前人的注释外，最后作出自己的诠释。他认为黄老之学的无为而治，是五千言本义，指出韩非以刑名为道德，王雱、吕惠卿诸家以庄解老，苏辙、焦竑、李贽诸家以释解老，无一人得其意。此后严复《老子评点》，也为世人看重。

至于近代与当代于《老子》所注所解所论者，层出不穷。二十世纪老学著作目录的统计有三百五十多种，见熊铁基等《二十世纪中国老学》。其中有杨树达的《老子古义》、马叙伦《老子校诂》、王力《老子研究》、许啸天《老子》、蒋锡昌《老子校诂》、张默生《老子章句新释》、钱穆《庄老通辩》、饶宗颐《老子想尔注校证》、张起钧《老子哲学》、朱谦之《老子校释》、高亨《老子正诂》、严灵峰《无求备斋老子集成》、任继愈《老子绎读》、陈鼓应《老子注释及评价》等等。再如研究《老子》帛书与竹简者，则有许抗生《帛书老子注译与研究》、高明《帛书老子校注》、彭浩《郭店楚简〈老子〉校读》、李零《郭店楚简校读记》、刘笑敢《老子古今：五种对勘与析评引论》等等，国内外均不断有新著出现。

## 当前研究状况

《老子》之研究已经成为一门历史悠久的"老学"，然而"老学"既"老"又不"老"，延续千年，当前又显现蒸蒸日上之新气象。

其一，随着20世纪70年代初长沙马王堆帛书《老子》的出土、90年代初湖北荆门郭店楚简《老子》的再发现，千年的老子之学，获得了新材料，研究者们迸发出极高的研究热情与兴趣，研究出现了新气象、新向度，并取得了新成果。简、帛书《老子》的研究已经成为一个专门的"老学"方向，文字的考证、文本的比较研究等等，有待进一步研究的地方尚多。

其二，《老子》研究越来越吸引中国乃至世界学者的热情与兴趣，《老子》研究已经越来越成为国际性的学问，国外学者的研究著作不断问世。

其三，《老子》的理论与智慧运用于管理、经商、人生等维度的拓展也越来越广阔。这使得老子的研究充满新的活力而欣欣向荣。